# 존 웨슬리와
## 감리교 전통의 여성들

# 존 웨슬리와
# 감리교 전통의 여성들

이정미 지음

KSI 한국학술정보[주]

"저에게 신앙의 모범을 보여주신 사랑하는 정동춘 외할머님께"

# 들어가는 말

당시 18세기 초반의 영국은 산업혁명(産業革命)이 발생하면서 세계를 주도할 경제대국으로 급성장하는 한편 신대륙에서의 식민지 경쟁에서도 주도권을 장악하였다. 영국은 1688년 명예혁명(名譽革命) 이후 영적이고 도덕적 가치를 중시하던 사회에서 문명의 이기와 물질적 풍요를 중시하는 현실 지향주의 혹은 실용주의적 사회로 변모하였다. 영국 국교회는 칼빈주의 열정이 사라지고 청교도 신앙의 쇠퇴라는 형식주의적 예배생활이 나타났고 대중들의 관심은 세속적 정치와 스포츠 및 퇴폐적 풍조에 치우치는 경향을 낳게 되었다. 바로 이러한 때에 18세기의 영국에서 가장 탁월한 신학자이며 사회개혁자이고 실천적 페미니스트인 존 웨슬리(John Wesley)가 등장하여 부패(腐敗)와 비(非)도덕주의가 만연하고 있는 영국사회와 교회에 새로운 활력을 불어넣어 주었다. 그는 국교회의 품위 있는 배경 아래 옥스퍼드 대학교에서 훈련받은 훌륭한 목회자로서 사회의 가난하고 소외된 사람들을 위한 활발한 구제활동과 복음 전도사역을 전개했다. 웨슬리는 당대의 지식인들이 소유했던 전통과 고전적인 사상들을 그대로 계승하면서 동시에 그들이 생각하지 못했던 진보적이고 독창적인 사고를 가지고 이를 현실에 적용하고자 한 인물이었다.

감리교 사상의 형성은 웨슬리의 영적 성장배경과도 밀접한 관련이 있다. 웨슬리 안에는 전형적인 개신교주의가 영국 국교회주의와 잘 융합되어 있었다. 예컨대 아버지 사무엘(Samuel)은 옥스퍼드 대학 출신의 국교회 성직자였으며, 어머니 수잔나(Susanna)는 엄격한 청교도 생활방식을 존중하여 자녀들에게 근면과 검소, 정직 등의 덕목을 몸소 가르치며 성경공부를 게을리하지 않도록 교육하였다. 웨슬리는 링컨 칼리지의 펠로우 시절에 초대교회 교부들의 신앙고백서를 탐독하면서 기독교인 내면의 성결한 삶을 이루기 위한 경건생활에 힘쓰게 되었다. 이 시기에 그는 제레미 테일러(Jeremy Taylor)와 토마스 아 켐피스(Thomas a Kempis) 그리고 윌리엄 로우(William Law) 등과 같은 영적 지도자들의 신학사상을 통하여 그리스도인의 완전과 성화의 이론을 접할 수 있었다. 신학자로서 웨슬리의 주된 관심은 기독교 신학과 기독교인의 삶을 상호 유기적 관계 속에서 총체적으로 연결하려고 노력했다는 점에서 그의 독특한 면모를 엿볼 수 있다. 말하자면 이는 감리교의 신도회(Society)와 속회(Class Meeting) 및 조(Band)의 조직을 주로 감리교도들의 훈련과 영적인 성장 및 공동체의 성화를 위한 효과적이고 실질적인 도구의 장(場)으로서 잘 활용하였다는 사실에서 알 수 있다. 그는 또한 감리교의 선교활동에 있어서 평신도 순회설교자(Itinerant Preacher)제도를 마련했는데, 그러나 이것은 감리교가 영국 국교회로부터 불가피하게 분열할 수밖에 없었던 다분히 분파적 요소를 가진 것이기도 했다.

그리고 존 웨슬리는 감리교부흥운동을 통하여 근대 여성해방운동의 역사적 초석을 마련하였다. 낸시 하디스티(Nancy A. Hardesty)에 의하면 감리교 전통 속에는 여성의 영적 성장 및 여권신장을 지향하는 몇 가지 두드러진 요소가 있다고 언급하였다.[1)]

첫째, 그것은 체험(Experience)에 대한 강조라고 할 수 있다. 감리교도들은 권위의 원천을 성서(Scripture)와 이성(Reason), 체험과 전통(Tradition)의 네 가지 요소에 중점을 두었는데 웨슬리와 초기 감리교도들에게는 특히 회심(悔心)의 체험과 성령의 내적 확증(the Witness of Spirit)에 강조를 두면서 교회의 법과 역사 또는 성서해석이 감리교의 교리를 결정하는 것이 아니라 구원(救援)에의 내적 확신이 감리교의 본질을 이해하는 주요한 열쇠가 되었다. 또한 체험에 대한 강조는 개인의 영적 진보에 대한 개념을 수반하였다.

둘째, 웨슬리와 초기 감리교도들에 있어서 성서는 어떤 의미에서 권위주의적(Authoritarian)인 것이 아니었다. 웨슬리는 그 자신을

---

1) Nancy A. Hardesty, "The Wesleyan Movement and Women's Liberation", Theodore Runyon, ed. *Sanctification & Liberation: Liberation Theologies in Light of the Wesleyan Tradition*(Nashville: Abingdon Press, 1981), 165－173.

'성서의 사람'(*homo unius libri*)이라고 불렀지만 성서를 그 시대의 상황과 현실에 비추어 새롭게 이해하려고 시도하는 일을 두려워하지 않았다. 그가 성서를 탐구한 것은 곧 구원에의 길을 찾기 위한 것이었으며, 감리교의 기본교리는 성서가 하나님의 영감으로 기록되었다고 믿는 사실과 그것이 그리스도인의 삶과 신앙생활에 있어서 전적이며 유일한 표준임을 제시하는 것이었다. 따라서 웨슬리는 성서의 권위를 하나님의 말씀과 인간 이성 사이의 긴장감 있는 관계 속에서 성령에 의한 계시의 역사를 역동적으로 이해하는 데 중점을 두었다. 즉 감리교도들에게 남성과 여성의 영적 동등함은 도래하는 하나님 나라의 가시적 표징이었다. 그러므로 웨슬리 당시의 초기 감리교도들은 그러한 진일보한 사고에 의해 성서를 문자보다도 살아 있는 정신에 의해 해석했고 동시에 사회적, 문화적 제약에 의해 여성들의 공적인 활동을 제한하고 있는 성서의 규범을 율법적으로 따르려고 하는 가부장적 태도를 지양, 견제하였다.

셋째, 웨슬리의 신학과 후기 감리교에서는 성령의 역사를 점점 더 강조하였는데 이는 19세기 중반의 페베 팔머(Phoebe Palmer)를 중심으로 한 성결주의(聖潔主義) 운동의 사상적 기반이 되었다. 웨슬리의 기독교인의 완전사상은 성결의 교리와 함께 성도의 온전한 성화의 생활을 강조하였다. 예컨대 '칭의'(justification)와 '성화'(sanctification)라는 그의 구원개념은 단순히 개인주의적 시각이 아니라 사회 공동체의 적극적 봉사와 구휼(救恤)의 개념에 결부되었다. 웨슬리의 관심은 곧 '사랑으로 역사하는 믿음'(faith working by love)이었으며, 만약 믿음이 개인의 도덕적 변화와 선행을 가져오지 않는다면 그것은 참 믿음이 아니라고 생각했다. 즉 감리교도에게 있어서 개인성화는 일생 동안 계속되는 거듭남의 체험이며 그리스도의 장성한 분량에까지(Eph. 4:13) 나아가는 기독교인의 쉼 없는 영적 고투(靈的 苦鬪)라고 할 수 있다. 그리고 그러한 감리교도들의 성화의 교리는 현실의 현상 유지에 대한 비판의식과 그것에 도전하여 변혁시키는 사회적 성화운동의 원동력이 되었으며 동시에 많은 감리교 여성들에게 보다 폭넓은 사회참여에의 동기부여를 제공하였다.

이와 함께 감리교의 여성해방은 북미 성결주의 운동에도 큰 영향력을 미쳤는데 이 운동 또한 활발한 여성사역과 여성목회를 지지하였다. 여기엔 좀 더 신학적 이유가 있는데 첫째, 그것은 존 웨슬리의 성결의 교리(the Doctrine of Holiness)였으며 둘째, 회심의 체험으로 인한 능력에 대한 강조였다. 19세기 복음주의 성결운동은 인간의 의지와 노력으로 성결한 삶에 이른다고 생각하지 않았다. 그것은 성령의 은혜로운 선물이라고 간주했다. 성령세례(聖靈洗禮)를 받기 위해서는 성령의 역사를 마음으로 믿을 뿐 아니라 그것을 공개적으로 증언(證言)해야 한다고 주장하였다. 요컨대 성결주의는 오순절 성령강림의 역사가 종말의 시대에 남녀 모두에게 차별 없이 주어지는 하나님의 약속이며 특히 그러한 체험이 여성에게 적용될 때에 사회적 인습(因襲)을 무시할 수 있는 새로운 능력이 부어진다고 간주했다. 이런 점에서 성결은 곧 능력이며 성령의 카리스마적 은사는 부조리한 제도와 관습(慣習)의 사슬을 끊을 힘을 준다고 확신하였다.

# 차례

존 웨슬리와 감리교 부흥운동은 기독교의 완전과 성화에 관한 그의 실천적 사상으로부터 분리할 수 없다. 또한 그것과 사회윤리는 엄밀한 유기적 관계 속에 연결되어 있는데 초기 감리교 부흥운동은 다음과 같은 성격을 가지고 있다. 먼저 웨슬리는 일반 민중을 위한 성서 중심의 옥외설교와 전도여행을 통해 개개인의 심령 속에 구원의 복음과 회심의 체험을 불러일으키고자 노력했다. 그는 옥외설교를 하면서 하나님의 보편적인 사랑을 전파하고 가난하고 소외된 이들에게 내세에 대한 소망과 비전을 제시하였다. 웨슬리의 설교에서 중심사상은 곧 '성서적 성결'(Scriptural holiness)인데 이는 구원받은 사람은 삶에 변화가 있어야 함을 강조하였다. 즉 이 성결은 내적인 면에서 성도가 경건한 생활을 추구하는 것이요, 외적인 면에서 이웃사랑과 적극적인 사회참여와 봉사를 의미하는 바였다. 웨슬리의 사역에서 특이한 점은 성도들의 양육과 교역자들의 선교활동에 있어서 조직적인 제자훈련의 프로

그램을 적용한 사실이었다. 예컨대 신도회(Society)와 속회(Class Meeting) 및 조(Band) 모임을 통해서 평신도의 영성훈련을 강조했고 이들 가운데 설교와 권면의 은사가 있는 사람은 감리교 순회설교자로서 활동하게 하였다. 특히 속회는 감리교인들이 성화의 생활과 지속적인 복음활동을 가능케 하는, 영적인 양육을 위한 주요한 방편들을 제공하였고 이것은 어떤 의미에서 그리스도인의 제자됨을 실천하는 '교회 안의 작은 교회운동'(Ecclesiola in Ecclesia)이라고 할 수 있었다. 동시에 웨슬리의 선교는 사회 관심을 수반한 전도사역이었다. 킹스우드(Kingswood)의 아동 교육사업과 런던(London)과 뉴캐슬(Newcastle)을 중심으로 한 사회 구제활동이 그것이다. 뿐만 아니라 그는 교도소의 재소자들을 위한 인도주의적 구호조치와 반(反)노예제도운동 등에 관심을 기울였다. 그리고 웨슬리는 감리교운동을 통하여 근대 여성해방운동의 초석(礎石)을 마련하였는데 그는 여성도 남성과 똑같이 영적인 능력을 부여받았으며 카리스마적 은사를 가지고 있음을 인정하여 1787년 10월 맨체스터(Manchester) 감리교 연회에서 공식적인 여성 설교자로서의 출현을 승인하였다. 웨슬리가 여성에게 허락한 목회사역은 속장(Class leader)이었는데 그는 1742년 4월 파운데리(Foundery) 신도회에서 처음 속회를 조직하여 신자를 양육하였다. 그런데 이것이 대개 남녀로 구분되어 집회가 인도되었고 자연히 '여자 속'(female class)을 위한 여자 속장을 임명하게 되었다. 웨슬리는 여성을 정식으로 순회설교자로 임명하지 않았지만 소명과 설교의 은사가 있는 여성들에게 순회전도의 일을 맡겼다. 웨슬리가 여성사역을 인정한 근거는 곧 감리교 자체가 '특수한 사역'(Extraordinary Ministry)이라는 데에 있었는데 이는 웨슬리의 목표가 개인적 종교체험과 그 능력을 통해 개인과 사회가 변화되는 것이었으며, 당시 교회와 사회를 개혁해야 할 특수한 상황이 여성들의 특수한 복음사역을 요청하였던 것이다. 그러므로 감리교의 속회와 조의 제도는 여성의 지도력 발휘와 제자훈련의 좋은 장(場)이었다고 할 수 있다.

요컨대 존 웨슬리의 감리교 부흥운동은 개인성화와 사회성화를 지향하는 총체적 개혁운동이라고 할 수 있다. 그는 성결의 메시지가 전파되는 곳에 영적, 도덕적 변화가 일어난다고 생각했다. 개혁은 성결한 삶을 통해 오며, 이러한 복음은 개인의 경건과 사회 정의실현을 포괄하는 것이었다. 웨슬리는 또한 기독인의 완전(Christian perfection)을 온전한 사랑으로 간주했고 이것은 죄(罪)에서 유래된 모든 구속으로부터의 해방에 관심을 가지게 했다. 그래서 감리교 선교의 동기는 개인의 영적 변화와 더불어 사랑으로 역사하는 믿음이 그 자체로 사회참여의 성격을 가지고 있다고 말할 수 있다. 곧 웨슬리의 부흥운동은 하나님의 구속적 은총에 근거하여 개개인 성도들의 영적 성숙을 목표로 하는 동시에 그들이 교회와 사회에 성결의 누룩으로 성화의 불길을 가져오기를 기대하였다.

# 역사적 배경

영국 국교회의 자연종교는 사회선행의 실천을 강조했는데 이는 이신론의 사상적 영향이기도 했다. 이신론은 케임브리지 플라톤주의자들이 합리주의 신학사상을 언급하면서 전개되었는데 이것의 선구자는 세르베리의 허버트 경(Lord Herbert of Cherbury)으로 그는 특별계시의 개념을 부인하고 신앙의 본질적 요소는 신(神)의 존재와 죄에 대한 회개 및 경건한 예배에의 의무와 도덕적 선행 등에 있다고 간주하였다. 이신론은 로크와 홉스의 경험주의에 의해 더욱 발전되었으며 그것의 윤리적 사상은 스토아학파의 자연법이론에서 유래하였다.

또한 자연종교의 합리성은 영국의 경험론과 대륙의 합리론을 종합한 임마누엘 칸트에 이르러 보다 완성된 형태의, 즉 보편타당한 도덕법칙이자 요청적 실천이성의 자유개념으로 제시되어 나타났다. 물론 칸트의 철학이 카르테시안(Cartesianism)의 방법론에 기인한다고 생각하지 않을 수 없으나 그는 하나님의 존재와 영혼의 불멸, 자아의 자유 등을 긍정하는 타당성 있는 근거들이 순수 이성의 한계를 넘어서 있다고 생각하였다. 칸트는 이를 '실천이성'이라고 명명했다.

그리고 칸트는 『실천이성비판』에서 참된 자연종교의 핵심은 하나님의 존재가 도덕적 행위의 준칙이 되고 영혼의 내세적 삶이 보상과 징벌의 수단이 되며, 자아의 자유가 책임성 있는 인격의 동인이 된다는 점에서 기독교는 실천적으로 합리적인 종교라고 지적하였다. 이것은 결국 참된 종교란 하나님이 우리의 구원을 위해서 행하신 초월적 세계의 선험적 이상을 사변적으로 궁구하는 것이라기보다 우리가 구원을 받는 데에 합당한 존재자로서 무엇을 추구하고자 하며 내지 인간존재의 보편적 도덕률을 목적 그 자체로서 준수할 수 있는가라는 실천적 문제에로 인식된 점이라고 할 수 있다.

1750년경 영국의 잉글랜드와 웨일즈의 인구분포는 약 650만 명으로 추정되는데 세기말에 이르러서 거의 900만에 육박하게 되었다. 인구의 증가와 생활수준의 향상으로 교육의 기회도 확대되었다. 런던신문의 개간과 지방신문이 발전하였고 순회도서관의 운영도 활발하였다. 17세기 후반에 들어서면서 영국의 상류층은 다소 공리주의적인 사조가 유행했는데 이는 이 시기에 '저널리즘'(Journalism)의 시대라고 불릴 만한 신문잡지와 간행물 등의 출간을 장려한 점과 동시에 인습적이고 고루한 전통으로부터 벗어나 지적이고 실천적인 인간상을 제시하는 경향을 점점 띠게 되었다는 점이다.

전국적 규모의 문학클럽과 철학협회가 설립되고 중등 사립학교와 종교적 목적을 가진 어린 아동들의 교육을 위한 '선데이스쿨'(Sunday school)도 활발히 운영되었다. 하지만 이 시기의 산업화의 물결과 도시의 급격한 변화는 사회적 계서제를 벌여 놓았고 보다 양극화된 사회에로 나아가게 했는데 당시의 문자 해독률의 상승과 교통 및 운송의 주목할 만한 개선은 인구의 유동성을 증가시켜 더욱 빈익빈 부익부(貧益貧 富益富) 현상을 부채질하였다.

한편 사회개혁운동은 인도주의적 차원에서 빚진 자와 가난한 자들을 위한 법적 보호대책을 마련하고 감옥개선을 위한 캠페인과 노예무역 금지에 대한 자발적 선동을 유도하기도 하였다. 물론 이는 영국의 복음주의 운동의 결과에 기인한 것이기도 하지만 세속적 계몽주의의 확산이라고 볼 수 있는데 사회의 공리주의의 사상이 이제 개인의 행복만을 추구하는 것이 아니라 나아가 대중 공공의 문제에로 확대되어 타인의 행복도 고려할 줄 아는 성숙한 시민정신의 발로에서 표출된 것이라고 할 수 있었다.

그리고 18세기 영국사회는 여성에 대한 새로운 변화의 관점이 시도되었다. 17세기 말부터 전개된 계몽주의 페미니즘은 여성은 남성과 동등한 이성적 능력을 소유하며 따라서 교육을 받을 권리와 그 자신 스스로의 의사결정을 사회적 관습과 편견에 의해 강요받지 않는 독립적이고 자율적인 여성상을 제시하였다. 당시 지적 생활의 패턴은 여성의 도덕적 함양과 함께 평등한 사회적, 정치적 책임에의 의식을 고무하였고 특히 데카르트 이후 카르테시안적 방법론의 유행은 그러한 여성의 권리와 책임에 대한 합리적 논의를 가능케 하였다.

여성들의 합리적 사고와 도덕적 자각의 인식은 18세기 계몽주의 시대의 선구자적 페미니스트들의 주요 화두였다. 플랭 데 라 바르(Poulain de la Barre)는 남성의 권리독점과 편협한 사고가 여성을 직업과 사회의 공공생활로부터 분리시킨다고 하였고 메리 추들레이(Mary Chudleigh)의 『여성의 방어』(*The Ladies Defence*, 1701)라는 책은 당대의 사실주의 문학사조의 영향으로 여성의 도덕적 자율성과 합리적 이성을 바탕으로 한 보다 적극적 인간존재의 자유의지를 주장하게 하였다. 당시의 이신론은 여성이 실제 남성의 종속적 존재자이며 교회에서 설교할 수 있는 권리를 가지고 있는가에 대한 신학적인 문제를 제기하기도 하였다. 대부분의 국교회의 성직자들과 분리주의자들은 여성이 교회에서 설교하는 것을 달갑게 생각하지 않았으나 감리교와 퀘이커교만은 예외였다. 퀘이커교도들은 여성들이 설교와 권면을 할 수 있는 권리를 부여하였고 이 운동의 여성 지도자인 마가렛 펠(Margaret Fell)은 이미 "성서는 여성설교의 정당성을 증명하고 있다"(Women's Speaking Justified, Proved and Allowed of by the Scriptures, 1666)라는 팸플릿을 발표한 바 있다. 이들은 지역 여성특별위원회를 조직하여 가난한 여성교인들을 위한 사회봉사활동과 재정적 후견인의 역할을 담당하기도 했다. 17세기 퀘이커교도들의 여성해방운동은 감리교 여성목회의 출현에 큰 영향력을 끼쳤다.

1688년 명예혁명 이후 혁명의 정당성과 복잡한 정치이론의 현실적인 적용을 주장하면서 무엇보다 의회의 법적권한을 강화하는 일련의 노력으로 사회계약설이 등장하였다. 흥미로운 사실은 남성 우월론자들이 결혼제도에 있어서 여성들의 수동적인 복종을 기대하는 심리적 근거에서 그들의 가부장적 권위가 왕권신수설로부터 유래했다고 말하지 않더라도 그것이 사회계약상의 문제인지 아닌지를 살롱이나 비공식적 사교모임에서 자주 거론하였다는 점이다. 로크는 자연에는 남성우월에 대한 어떤 근거가 제시되어 있을 수 있다고 생각했으나 그것이 절대적 법칙이 아니라는 견해를 표현했다. 그는 여성의 자유와 시민적 권리를 주장하면서 가정에서 여성이 남성에 대해 종속적 역할을 강요받는 것은 한편으로 사회계약설에 연유한 까닭이라고 말하기도 했다. 반면에 1730년대에 출판된 존 스프린트(John Sprint)의 『신부의 카운슬러』(*The Bride-Woman's Counsellor*, 1699)는 일종의 여성혐오적인 풍자적 설교집이었는데 이에 대해 익명의 '유게니아'(Eugenia)로 소개된 저자의 『여성 주창자』(*The Female Advocate*, 1700)라는 작품은 여성이 '남성의 위안과 이익을 위해' 만들어지며 노예보다는 순종하는 배우자를 갖는 것이 훨씬 고상한 일이라는 스프린트의 입장을 부인하였다.[2] 또한 그는 여성이 현명하게 생각하고 행동하기 위해 교육을 받아야 하며 설령 그가 남편에게 복종하는 경우가 있을지라도 그

2) Alice Browne, *The Eighteenth-Century Feminist Mind*(Wayne State University Press, Detroit, 1987), 88-91.

녀는 합리적이고 자율적인 존재자로서 자신의 의사를 스스로 결정하며 행위하는 법적 권리를 가진다고 하였다. 메리 추들레이 역시 스프린트에 대한 부정적 입장을 취했는데 그녀는 불행한 결혼을 한 여성이라 하더라도 남편에게 순종하는 덕과 인내를 갖추고 자신들의 행위가 기독교적 스토아주의에 합치되는 성품을 함양하는 노력을 게을리하지 말아야 한다고 지적했다.

그리고 이와 유사한 주장을 한 영국 최초의 페미니스트인 메리 아스텔(Mary Astell)은 『결혼에 관한 반성』(*Some Reflections upon Marriage*, 1706)에서 결혼제도에 대해 여성이 남성의 완벽한 노예의 조건을 가졌다고 비판하였다. 아스텔은 저서 『여성에게 고함』(*A Serious Proposal to the Ladies*, 1697)에서 여성은 그들의 양심과 도덕적 선을 위해 교육의 기회를 유용이 활용해야 하며 그들 스스로의 합리적인 사고와 이성적인 판단으로 인해 독립적이고 자율적인 존재자로서의 정체성을 확보한다고 언명하였다. 아스텔은 이 저서에서 두 가지 주요한 제안을 하는데 첫째, 여성의 일반적 지적훈련을 위해 특정지식의 교과과목보다는 논리적 추론능력과 사물에 대한 정확하고 분명한 표현을 할 수 있는 인지적인 교육방법론을 제시한 점과 둘째, 미혼의 독신여성들이 교양을 습득하고 사회 자선활동에 힘쓰는 수도원을 건립하는 것을 제안하였다. 이는 상류층 가정의 미혼여성들이 불행한 계약결혼을 하는 것을 방지하는 목적도 있었다.[3] 물론 아스텔이 그러한 제안을 한 최초의 인물은

---

3) Alice Browne, *op. cit.*, 94－96.

아니었다. 17세기 중반 레이디 포클랜드(Lady Falkland)는 가난한 소녀들을 위한 기숙학교와 과부를 위한 안식처를 제공하려고 힘썼고 앤 여왕의 부군인 덴마크의 왕자 조지의 영어 가정교사였던 에드워드 체임벌린(Edward Chamberlayne)은 독신여성과 과부를 위한 교육기관을 제안하였다. 여성교육을 위한 아스텔의 노력은 조지 휠러(George Wheeler)와 다니엘 디포(Daniel Defoe) 및 일부 국교회성직자들의 지지와 후원을 얻었는데 특히 영국에서 말브랑쉬(Malebranche)의 기독교 카르테시아니즘을 출간한 존 노리스(John Norris)는 그녀와 매우 절친한 사이였다. 존 노리스는 여성교육의 견해에서 레이디 아스텔의 입장과 유사하였다. 버머톤의 경건한 플라톤주의자인 노리스는 동시대의 지성인인 존 웨슬리에게 초(超)자연적인 경험주의 이성에 관한 주요한 실마리를 제공하였다. 노리스는 캠브리지 플라톤주의자들 가운데 마지막 세대에 속하는 인물로서 영미학계에서 말브랑쉬의 주목할 만한 추종자였다. 말브랑쉬는 데카르트의 이원론과 우연주의 철학을 플라톤–어거스틴 전통과 접목시켜 보려고 시도한 철학자라고 할 수 있는데 노리스는 그러한 말브랑쉬의 노선을 따랐다. 노리스는 참된 지식의 근원과 지혜의 유일한 원천은 하나님이며, 이성의 본래적인 역할은 공허한 사변적 지식에의 추구가 아니라 도덕적인 완전을 지향하는, 즉 인간 내면의 성결한 삶을 형성하는 인식의 도구로서의 기능을 수행한다고 간주하였다. 이에 대해 존 웨슬리도 그가 영국의 초대신비주의자 제레미 테일러(Jeremy Taylor)로부터 '의도의 순수성'에 대해 영향을 받으면서 성서의 궁극적 진리를 이해하기 위해서 마음의 정결이 필요 불가결한 선행조건이며 또한 그러한 영적 감각은 영원한 이성과 일치되는 초(超)감각적인 근원으로부터 유출되는 생득관념이라는 점을 부인하지 않았다.

한편 아스텔에 있어서 지적인 훈련은 종교적 훈련과 병행되어야 한다고 생각했다. 그녀가 권장하는 책 중 하나는 『포르-루아얄 논리』(*Port-Royal Logic*)인데 그녀는 도덕적이며 지적인 훈련이 상호 연관이 있다고 간주하였다. 아스텔은 많은 지적오류와 잘못된 행위의 근거가 타성에 의한 게으름과 도덕적 맹목성에 기인하는 악의적 편견이라고도 지적하였다. 존 노리스 역시 독서에 관한 조언을 요구하는 익명의 한 여성에게 실질적 지식을 암기하는 것보다 이성적으로 사고하는 법을 배우는 것이 더 중요하다고 충고하면서 이 '포르-루아얄 논리'를 읽어 볼 것을 권장하였다. 사실 이 시기엔 여성을 위한 매우 간단한 교과과정을 제시하는 것만으로도 페미니스트적인 의미를 띠었다. 아스텔과 추들레이가 그들 저서에서 여성들의 도덕적 자율성과 이성적 덕성을 함양하는 교육에의 기회를 강조했을 때에 당시의 사람들은 그들이 결혼제도에 대해 신랄한 풍자적 공격을 하고 있다고 생각하였다. 또한 일부 남성 우월론자들은 여성은 자기개선보다 결혼을 위해 이성의 이목을 끄는 데 더 관심을 가지며 따라서 페미니스트들의 여성의 지적, 도덕적 자율성에 관한 주장을 폄훼하려고 했다. 이에 대해 아스텔은 윌리엄 워톤(William Wotton)의 『고대 및 근대 학문에의 반성』(*Reflections upon Ancient and Modern Learning*, 1694)의 한 구절을 인용하면서 튜더 왕조의 여성들은 고전에 박식하였으며, 그러한 학문적 지식에의 습득이 여성의 도덕적 품성을 저해하지 않았다고 반박하였다.[4] 아스텔의 『결혼에 관한 반성』은 1730년에 재(再)인쇄되었고 추들레이의 『여성의 방어』는 1755년 콜만과 손튼의 "저명한 여성들의 시(詩)" 컬렉션에 나타난다. 이 외에 이들은 행복한 결혼생활이 상호간의 이해와 신실한 우정에 근거한다고 말하기도 했다. 하지만 그들이 처음으로 결혼에 있어서 남녀 간의 힘의 불균형한 관계를 언급했다는 점에서 공격을 받았다.

계몽주의 시대사조의 유행으로 등장한 자유주의 페미니즘은 모든 인간존재는 동등한 이성적 능력을 부여받으며 여성은 그러한 합리적 인식의 사용과 판단력으로 자율적인 의지와 행위의 주체자로서 개인의 자아발전을 위한 중요한 철학적 기반을 형성하게 되었다. 그것은 임마누엘 칸트가 『도덕률의 형이상학 원론』에서 주장한바, 개인으로서의 인간이 자신 속에 있는 자율적 행위의지의 규범에 따라 행동하게 될 때, 비로소 이성적이며 도덕적인 인간의 존엄성을 실현하게 된다는 보편적 도덕률의 견해와 매우 유사한 것이었다.

프랑스 혁명을 전후로 페미니즘 사상은 다소 급진적인 정치철학과 연계되어 나타났다. 프랑스 백과전서학파인 콩도르세(Condorcet)는 여성의 참정권과 사회개혁의 활발한 참여를 호소했고

4) Alice Browne, *op. cit.*, 99－100.

1792년 메리 월스톤크래프트는 『여성권리의 옹호』를 출판하면서 여성들의 법적 평등함과 교육기회의 균등이라는 두 가지 목표를 설정하였다. 그녀는 여성의 종속적 위치가 사회의 관습적이고 왜곡된 법적 구조에 뿌리박고 있다고 주장하면서 여성의 기본적 사회공익과 사회참여에의 활동에 공정한 분배의 원칙이 적용되어야 한다고 역설하였다. 그녀의 『여성권리의 옹호』는 루소의 『에밀』(*Emile*)의 교육철학을 반박하기 위해 저술된 것이었다. 그녀는 이 책에서 여성들은 남성들과 똑같이 합리적인 지적능력을 공유하고 있다고 강조하면서 "여성은 루소의 세계에 등장하는 반(半)존재가 아니라 남성과 동일한 이성적 존재자로서 인류의 보편적 덕을 실현할 수 있도록 교육받아야 한다."라고 주지시켰다.[5] 월스톤크래프트는 여성의 지식과 덕성이 남성과 동등해지기 위해서 교육의 균등한 기회보장을 주장하였고 이것이 시민사회의 자유와 진보를 위한 필수 불가결한 요소라고 확신하였다. 또한 공리주의의 제창자 존 스튜어트 밀(John Stuart Mill)은 『여성의 종속』을 발표하여 당시의 급진적이고 개혁적 사고를 하는 남성들이 여성과 남성의 사회적 차별을 당연시하는 문제를 부각시키면서 여성의 시민적 자유와 정치, 경제적 기회의 동등한 참여를 요청하였는데 결국 그러한 움직임은 근대 자유주의 페미니즘의 주류를 이루게 되었다.

---

5) Mary Wollstonecraft, *A Vindication of the Rights of Woman*(Norton Critical Edition, 1988), 7－11, 39, 121－24.

# 1 감리교의 어머니 수잔나 웨슬리

18세기 웨슬리의 감리교운동 내에서 여성들은 속회와 조의 리더로서의 역할과 학교설립자와 교사 및 병자와 재소자들과 낙심자들을 심방하는 심방자로서의 역할 또는 여성 후원조직의 리더와 순회설교자로서의 활동과 함께 또한 목회자의 아내로서 남성과 여성 모두에게 기독교적 삶의 모범이 되는 훌륭한 여성 지도자들이 있었다.

수잔나 웨슬리는 감리교의 어머니로 일컬어진다. 웨슬리는 어머니 수잔나를 통해 여성의 능력에 대한 산 교훈을 얻었으며, 수잔나 역시 평생 동안 웨슬리의 카운슬러로서 그의 신학적 입장 및 감리교운동 속에서 여성들의 참여와 리더십 발휘를 위한 분위기 형성과 결단에 많은 영향력을 미쳤다. 프랑크 베이커(F. Baker)는 수잔나의 삶을 청교도와 부모, 목회자와 감리교조직의 리더 그리고 그리스도인의 삶의 모범으로서 간주하고 웨슬리의 전반적인 사상 형성에 무시할 수 없는 영향력을 끼쳤다고 언급하였다.

수잔나는 청교도 목사인 사무엘 아네슬리(S. Annesley)의 가정에서 태어났다. 아네슬리는 정치적으로 왕정주의자였지만 비국교도인 장로교목사였기 때문에 그의 사목활동은 그리 순탄하지만 않았다. 그러나 아네슬리는 1672년 모든 비국교도들에 대한 종교적 탄압이 금지되자 런던의 '리틀 세인트 헬렌'(Little St. Helen's)이라는 곳에서 '모임의 집'(Meeting house)이라는 신도회를 세워 분리파 목사들을 위한 재정적 지원과 그들의 활동을 후원하고 동시에 사회구제운동을 전개하면서 본격적인 사목활동을 시작하였다. 그는 곧 영향력 있는 퓨리탄의 지도자로 불렸다. 아네슬리는 그 자신이 개인적 양심과 종교적 자유를 얻기 위해 상당한 희생을 감수해야 했기에 그의 딸 수잔나 웨슬리가 영국 국교회의 성직자인 사무엘 웨슬리와 결혼할 때에도 반대하지 않았다.

사무엘 웨슬리는 그의 아버지 존 웨슬리가 열렬한 복음주의자임에도 불구하고 신학적 입장으로 인해 영국 국교회에 속하게 되었다. 그는 정치적으로 보수당인 토리당이었으며, 신학적으로는 고(高)교회주의자였다. 사무엘과 수잔나는 그들 부모의 비국교도 교회를 떠나 앵글리칸으로 개종하였지만 이들의 사고방식은 다분히 청교도적이어서 권면과 검소, 정직과 성실 등의 덕목을 매우 중요시하였다. 수잔나는 아버지의 사교적인 성품과는 달리 조용하고 침착한 성격의 소유자였으며 이후 그의 유명한 아들 존 웨슬리가 조지 휫필드와 예정론에 관해 논쟁을 벌일 때 웨슬리 신학을 변호하는 글을 쓸 정도로 분명한 신학적 이해와 지식을 갖고 있었다. 또한 수잔나는 한 번 계획한 일에 대해서 끝까지 관철시키는 강한 의지의 여성이었다. 레베카 하몬(R. Harmon)에 의하면 수잔나의 어머니는 사무엘 아네슬리의 두 번째 부인으로서 경건한 신앙심과 포용적 성격으로 자녀교육에 관해 아네슬리의 청교도식 교육방법을 따랐다고 한다.[6] 사무엘은 엡웟 교구에서 처음 목회생활을 시작할 때에 자주 종교적이고 정치적인 일로 런던에 다녀왔는데 1712년 초 겨울에 사무엘은 연회 참석차 오랫동안 집을 떠나 있는 동안 수잔나는 목사관에서 작은 모임을 시작했다. 하워드 스나이더(H. Snyder)는 이 모임은 사무엘 웨슬리가 런던으로부터 돌아올 때까지 계속되었으며 그녀가 매주 오후 어린 자녀들과 함께 가정예배를 인도하는 것 이상으로 성장해 갔다고 언급하는데 이 때에 수잔나는 그녀 자신의 목회자적 자질과 소명의식을 발휘하여 당시 웨슬리의 부목인 인맨(Inman)이 설교하는 공식예배에 출석하는 교인 수보다 그녀 자신이 인도하는 저녁예배에 더 많은 신도들이 모인다고 사무엘에게 편지를 보냈다. 재미있는 사실은 수잔나가 그곳에 모인 회중들을 '우리 신도회'(Our society)라고 불렀다는 점인데, 이 집회는 나중에 그의 아들 존 웨슬리가 고안한 감리교 신도회와 매우 유사했다. 그러므로 수잔나가 '감리교의 어머니'(the Mother of Methodism)라고 하는 일화는 역사적 근거가 있는 이야기이다. 하지만 이 사건으로 사무엘과 수잔나는 다소간의 불화를 겪었다. 사무엘은 그러한 가정모임과 특히 여성에 의해 집회가

---

6) Rebecca L. Harmon, *Susanna: Mother of the Wesleys*(Nashville: Abingdon Press, 1968), 28.

인도되는 상황을 못마땅하게 여겼으며 또 그것이 분리주의자들이 갖는 은밀한 종교모임인 '비밀집회'(Conventicle)와 같은 것으로 오해받는 것을 달가워하지 않았다.[7]

수잔나는 존 로크의 교육철학에 영향을 받아서 어린 자녀들의 교육에 엄격하였다. 그녀는 10명이 넘는 아이들에게 규칙적인 생활방식과 철저한 신앙훈련을 강조하였다. 그녀는 자녀들에게 기도문과 원어성경 또는 일반과목을 가르치면서 청교도들이 강조한 대로 그들의 의지가 전적으로 부모와 하나님 앞에서 순종해야 함을 인정하게 했다. 또한 그녀는 스스로 자녀들을 위한 정기적인 교육시간을 가졌고 딸들에게도 성서와 고전을 읽을 수 있을 때까지 바느질이나 다른 집안일을 시키지 않았다. 수잔나는 본성적으로 교육자였다. 그녀의 교육지침은 첫째, 아이들은 생활 속에서 규칙적이고 예절 바른 행동태도를 배우게 하며 그들의 훈련은 곧 자의적인 의지를 극복하게 하는 것이었다. 둘째, 그녀는 자녀들의 신앙훈련을 위해 매일 오전과 오후 1시간씩 기도시간을 갖게 했고 청교도들의 기본덕목인 근면과 검소, 협동과 정직 등의 올바른 성품을 어릴 적부터 몸에 익히도록 했다. 셋째, 적절한 시기에 아이의 순종하는 성격이 이성적이고 상식적인 지식의 습득을 가능케 한다고 생각했으며 이를 바탕으로 세상의 유용한 지식과 종교적인 교육이 조화롭게 발전한다고 믿었다.

그러나 수잔나는 무엇보다도 그녀의 자녀들이 하나님에 대

---

7) *Ibid.*, 78 – 82.

한 두려움과 공경심을 가지고 온전하고 신실한 크리스천으로 성장하기를 기대하였다. 이 밖에도 그녀는 아이들에게 항상 솔직하게 대답하도록 강조했고 그들이 자신들의 그릇된 성향에 반해 부모에게 스스로 복종하는 행동거지를 나타낼 때에는 반드시 칭찬을 하고 격려하였다. 또한 형제들 간에 우애와 협동, 질서를 소중히 여기게 했으며 다른 사람과의 약속은 반드시 지키도록 하였다. 그리고 수잔나는 딸들에게 고전을 읽고 이해할 수 있는 지적능력을 갖추도록 매일 두 시간 이상을 교육시켰다. 수잔나는 집안의 대소사와 남편의 내조 및 어린 자녀들의 교육에 조금도 소홀함이 없었다. 훗날 존 웨슬리가 어머니 수잔나의 삶을 회상하면서 "그녀는 대가족 집안일을 마치 기차시간표와도 같이 정확하고 빈틈없이 처리했는데 그것은 스스로가 계획하고 실천한 생활규율에 의해서였다."라고 표현하였다.[8] 이후 존 웨슬리가 감리교의 속회 조직과 신도회의 규칙 및 순회설교자의 제자훈련 등의 프로그램을 만들고 그 밖의 빈민층 자녀들을 위한 킹스우드 학교를 설립한 것도 그러한 수잔나의 엄격한 교육방식에 따른 영향력이었다고 할 수 있다. 수잔나는 웨슬리가 감리교인이 되기 오래전부터 이미 감리교인이었다. 웨슬리가 감리교운동 속에서 여성 리더십을 인정하고 또 공식적인 여성 설교자들을 승인하였던 것도 기실 어머니 수잔나를 보면서 하나님께서 여성을 통해 일하심을 체험하였기 때문이다. 수잔나는 직접, 간접으로 감리교운동에 동참했다. 웨슬

8) *Ibid.*, 56.

리가 1738년 올더스게이트(Aldersgate)에서 회심을 한 후 어머니와 중생의 체험에 대해 얘기를 나누었고 그가 1741년 토마스 맥스필드(T. Maxfield)를 감리교 평신도설교자로서 사역을 허락해야 하는지에 대한 판단이 서지 않을 때, 이 문제를 어머니 수잔나에게 상담했다. 그때 수잔나는 다음과 같이 답변했다. "당신과 함께 일하는 청년들을 존경하십시오. 당신이 하나님으로부터 부르심을 받은 것처럼 그들도 똑같이 하나님의 부르심을 받았습니다."[9] 웨슬리가 어머니 수잔나의 충고대로 평신도들에게 설교를 허락하게 되자 감리교운동은 더욱 확산되었고 이는 나아가 여성 설교자를 인정하는 계기를 마련하게 되었다. 수잔나는 감리교운동의 본거지인 파운데리 신도회에서도 다양한 활동을 전개하였다. 그곳은 교회와 학교, 도서관과 무료진료소 또는 평신도들의 선교센터 등의 여러 가지 사회개혁(성화)운동의 공동체였는데, 수잔나는 감리교 신도회의 초기 리더로서 존 웨슬리의 조력자와 상담자로서 그리고 감리교운동의 주목할 만한 영적 후원자로서 그녀가 하나님으로부터 소명을 받은 내적 부르심에 따라 확신을 가지고 복음주의 운동에 전심을 다했다. 그녀는 1742년 7월 23일 73세의 일기로 파운데리에서 생을 마쳤는데 마지막 유언으로 "하나님을 찬양하는 시가(詩歌)를 노래하라."라는 말을 남겼다. 존 웨슬리는 어머니의 장례설교를 통해 "그녀는 18세기 영국 역사에 큰 영향력을 끼친 평범한 여성이었다."라고 언급하였다.[10]

9) *Ibid.*, 160 – 62.

10) *Ibid.*, 163 – 64.

# 2 존 웨슬리의 영적 후원자 셀레나 헤이스팅스

헌팅턴의 백작부인 셀레나 헤이스팅스는 웨슬리의 감리교 부흥운동에 간과할 수 없는 영적 후원자이자 상담목회자이다. 웨슬리가 그녀를 처음 대면한 것은 1738년 감리교와 모라비안교가 협동으로 조직한 페터레인 신도회(Fetterlane Society)에서였다. 헌팅턴 부인은 웨슬리가 1740년대 조지 휫필드와 예정론에 관해 논쟁을 벌였을 때에 그들이 구원의 은총과 인간의 자유의지에 대한 신학적 차이로 인해 결별하는 것을 원치 않아 개인적인 충고의 편지와 함께 평화적인 중재자로서의 역할을 마다하지 않았다. 셀레나는 1707년 8월 24일 레스터셔(Leicestershire)의 스탠튼 헤럴드(Stanton Herald)에서 유복한 셔얼리(Shirley) 가문의 둘째 딸로 태어났다. 그녀의 교육은 전형적인 귀족사회에서 요구하는 예절 바른 행동과 식견 또는 그녀가 이후 저택과 토지관리인으로서 효과적인 경영을 하는데 적합한 실제적인 지식에 중점을 두게 되었다. 하지만 셀레나는 일반적인 교양지식의 습득과 함께 훨씬 더 내면적인 인간본연의 양심과 종교적 사안들에 대해 깊은 관심을 가졌다.

그녀의 남편은 테오필리우스 헤이스팅스(Theophilus Hastings)라는 인물로 헤이스팅스가 역시 에드워드 4세의 혈통을 이어받은 명문집안으로 이 가문은 16세기부터 헌팅턴(Huntingdon) 백작의 작위를 부여받았다. 그녀의 부군인 테오필리우스는 학식 있고 사려 깊은 인물로서 그가 태어난 도닝턴(Donnington)의 전원생활을 사랑하였다. 그는 영국의회 상원의원으로도 활동했으며, 무엇보다 가정과 자녀들을 위한 교육과 삶의 바람직한 가치관의 형성에 진지한 관심을 나타냈다. 셀레나는 종교적 자유를 누리며 그녀의 농장에서 일하는 차지인들과 소작인들의 빈궁한 생활에 아낌없이 베푸는 호의적인 성품을 발휘하였다. 그녀는 영국 국교회 신자로서 사회의 소외된 계층에 대한 애정어린 돌봄과 선행에의 실천을 간과하지 않았다.

또한 그녀의 시누이 마가렛 헤이스팅스(Margaret Hastings)는 셀레나에게 종교적으로 중요한 영향력을 끼친 인물이었는데 마가렛 헤이스팅스는 자신의 동생 베티 헤이스팅스(Betty Hastings)와 함께 1736년 조지아의 옥스퍼드 신성클럽의 멤버였던 벤저민 잉햄(Benjamin Ingham)의 설교를 듣고 이후 1738년 조지 휫필드가 미국으로 건너가기 직전에 설교하는 것을 들으면서 이들 자매는 개종을 결심하게 되었다. 마가렛은 자신의 경험을 자연스레 셀레나에게 얘기했는데 셀레나는 마가렛의 신앙체험 속에 진정한 구원의 확신과 내적인 마음의 평안 그리고 그녀가 종교적 의무감으로 수반되는 심리적 좌절감 대신에 삶에의 행복과 기쁨을 얻은 것처럼 보였다. 동시에 그러한 결과는 셀레나도 그녀 자신을 그리스도께 온전히 의뢰함과 그분의 존재에 대해 순종하고 헌신하겠다는 의지의 결단을 낳게 하였다. 셀레나는 런던의 페터레인 신도회의 회원으로 가입했으며, 웨슬리가 모라비안들과의 신학적 논쟁으로 페터레인에서 탈퇴할 때에 그녀도 웨슬리와 합류하여 런던과 브리스톨의 감리교 신도회에서 부흥운동의 활발한 선교사역을 물심양면으로 도왔다. 셀레나는 조지 휫필드의 설교에도 참석하여 그가 런던에서 설교할 수 있도록 '장막'(Tabernacle)을 세우는 일에도 적극 협력하였다.

셀레나는 영국국교도와 분리주의 신자 가운데 많은 지인들과 교제하였고 꾸준히 감리교 신도회에 참석하면서 그녀 자신의 신앙고백과 체험에 대해 간증을 하기 시작했다. 그녀의 남편인 헌팅턴 경은 그 자신 스스로 감리교 집회에 참석하지 않았으나 아내의 종교적 활동에 대해 '호의적 중립'의 태도를 견지하였다. 셀레나 셔얼리와 하스팅의 헌팅턴 백작은 대체로 행복한 결혼생활을 했으며 그들 사이에 7명의 자녀를 두었다. 헌팅턴 백작이 1746년 10월 13일 뇌졸중으로 사망했을 때에 미망인이 된 셀레나 헌팅턴은 영국에서 상당히 부유한 여성들 가운데 한 사람이 되었는데 그녀는 남편이 죽은 후부터 런던에서 소위 '상호 지원그룹'(a mutual support group)을 형성하여 서로의 신앙을 격려하며 기도와 성경묵상을 통하여 개인의 성화를 추구하는 신앙모임운동을 전개하였다. 1750년 셀레나 헤이스팅스는 그녀가 유산으로 물려받은 애설리(Ashley) 근처로 이사하면서 런던을 중심으로 베스(Bath), 브라이톤(Brighton), 클리톤(Clifton) 등에서 복음을 전파하면서 감리교 선교를 위한 재정적 후원은 물론 보다 많은 사람들에게 상담목회자로서의 역할을 감당하였다.

우리는 셀레나 헌팅턴 부인이 감리교지도자인 존 웨슬리와 찰스 웨슬리 또한 조지 휫필드와 같은 탁월한 복음주의 부흥설교자들에게도 신뢰할 만한 영적 카운슬러였다는 점을 주목해야 할 것이다. 예컨대 토마스 맥스필드가 평신도였음에도 불구하고 그로 하여금 설교를 하도록 격려하고 후원해 준 사람은 바로 셀레나 부인이었다. 사실 그녀의 종교적 활동의 범위는 광범위했다. 트레베카(Trevecca) 신학교의 설립과 후원, 웨일즈(Wales)의 성직자양성학교의 기부금 조달과 효율적인 운영 그리고 감리교의 선교와 복음전파를 위한 영국 상류계층 개종자들의 그룹신앙운동과 특히 감리교 평신도 순회설교자들을 위한 성직서임과 그들의 목회훈련을 위한 행정조직의 지도력을 유감없이 발휘한 점 등이 그것이다.[11]

조지 휫필드는 셀레나 부인의 그러한 여성 지도자로서의 통

---

11) 감리교 최초의 순회설교자인 토마스 맥스필드(Thomas Maxfield)와 마찬가지로 데이비드 테일러(David Taylor)도 셀레나 부인의 후원으로 도닝턴 홀에서의 소명체험을 선언하고 웨슬리의 승인을 받아 요크셔에까지 순회설교를 하였다. Earl K. Brown, *Women of Mr. Wesley's Methodism*(The Edwin Mellen Press, 1983), 183-85, 87-89.

솔력을 높이 평가하고 그 자신이 런던의 교회에서 복음주의 부흥설교자로서 시무할 때에 여러모로 필요한 조언과 도움을 요청하였다. 셀레나는 종종 영국 국교회의 성직자들과 주교들로부터 감리교 순회설교자들의 성직 서임권 문제에 대해 비난을 사기도 했는데 그녀는 역사적으로 영국의 귀족들이 궁중이나 대학에서 목사를 임명하는 사례가 있었다고 주장하고 그들이 교회에서 이단이나 이설을 가르치지 않는 한, 공교회에서 징계나 통제를 받을 이유가 없다고 자신의 입장을 방어하였다. 셀레나는 가끔 순회설교자들의 여행에도 동참했는데 그녀 스스로는 공식적인 연설을 하지 않았다. 그러나 많은 사람들과 그룹 활동을 통해서 선교사역의 주요한 역할을 담당했는데, 즉 그녀의 성경지식은 해박하였고 공중 앞에서 간증하는 그녀의 신앙고백은 상당히 영향력이 있었다.

1748년 셀레나는 웨일즈의 순회설교여행에 동반해 줄 것을 요청받았는데 이때 그녀는 어린 두 딸과 두 시누이와 함께 하웰 해리스(Howell Harris) 목사와 다른 세 명의 순회설교자들을 만나기 위해 브리스톨로 향했다. 그들은 약 15일을 여행했으며, 트레베카에서 영국 국교회성직자와 회중교회 지도자들을 대면하고 복음주의 부흥집회를 잇따라 가졌다. 그 후 셀레나는 1750~1760년대에 감리교 순회설교자들을 위한 교회당 건축을 위한 재정적 지원을 위해 사회 각계에서 활동하고 있는 그녀의 지인들과 동호회를 결성하기도 하고 그녀 자신이 소유하고 있는 농장의 일부와 약 1,000파운드를 기부금으로 내어놓아 베스와 브라이톤 근처에 새로운 채플과 예배당을 건립하기도 하였다. 이것을 비국교도들에게 개방하여 그들의 집회를 위한 분회당으로도 사용할 수 있게 하였다.

셀레나 부인은 휫필드가 런던에서의 복음사역을 위해 교회를 건축할 때에 많은 물질적인 도움을 아끼지 않았는데 그러한 배경에는 아마도 칼빈주의 구원의 은총론과 예정론의 교리가 그녀에게 호소력 있는 근거가 되었을 것이다.[12] 셀레나는 인간의 구원은 절대적으로 하나님의 주권에 달려 있다고 생각했고 또한 개인의 회심과 선택된 자의 성령의 내적 확신이 신(神)의 자의적 의지에 속하는 문제라고 판단하였다. 사실 웨슬리는 칼빈주의자들과 성화의 교리에 대해 평생을 논쟁했는데 웨슬리는 구원의 과정에서 인간의 도덕적 책임과 회개의 의지를 동시에 강조한 반면 칼빈주의는 인간의 의지는 구원에 있어서 어떠한 역할도 할 수 없으며, 그것은 하나님의 섭리에 복종하는 노예의지일 뿐이라고 단언하였다. 따라서 칼빈주의는 그리스도가 선택된 자들만을 위해 죽으셨으며, 구원받는 자들은 이미 결정되어 있다는 이중예정론을 주장하였다. 그러나 1740년대 후반 존 웨슬리와 조지 휫필드 사이에 예정론에 관한 격렬한 논쟁이 벌어졌을 때에 헌팅턴 부인은 양자 간에 평화적 중재자로서의 역할을 담당했는데 그녀는 두 사람에게 편지를

12) 볼리아미(Vulliamy)는 헌팅턴 부인과 같이 사회 상류계층의 특권을 유지하면서 동시에 종교적 수혜를 기대하는 사람들에게 칼빈주의 교리는 매우 매력적인 이론이었을 것이라고 언급했다. Calwyn E. Vulliamy, *John Wesley*(London: Epworth, 1954), 169.

써서 '형제로서 서로 사랑하여 논쟁을 그치고 주님과 이웃에 대한 봉사를 위해 더욱 열심히 일할 것'을 고무하였다.[13)]

셀레나는 미국의 신대륙에 감리교선교를 위해 트레베카를 졸업한 젊은 신학도들에게 미국 복음화의 필요성을 강조하였다. 당시 미국의 감리교도들은 1760년대 중반 약 5,000여 명의 신도들이 메릴랜드와 뉴욕, 버지니아 등에 거주했는데 셀레나는 그녀 자신이 직접 조지아에서 선교사역을 할 수 있기를 기대하면서 그녀가 추천하는 선교사들을 1772년 10월 27일 미국으로 첫 전도여행을 보냈다. 그들은 식민지에서 광범위하게 여행을 했고 그곳에 정착한 영국인 이주민과 흑인노예 및 인디언 토착민에게 복음을 전했다. 그들은 이듬해 사우스캐롤라이나의 찰스타운(Charlestown)에서도 선교를 했는데 그곳에서 몇 명의 흑인들이 개종을 결심하게 되었다. 또한 1775년 미국 독립전쟁이 발발하기 직전에 셀레나 부인은 일부 왕정주의자들이 캐나다 남동부의 섬 노바 스코티아(Nova Scotia)에로 이주했다는 소식을 듣고 급히 선교사 한 명을 파견하였다. 그리고 1792년 시에르 레이온(Sierra Leone)에서 해방된 노예들의 집단이 트레베카 신학교로부터 그들의 정착지에 복음 전도자를 보내 달라는 요청을 하면서 감리교 선교는 점차 아프리카 선교에의 계획도 세우게 되었다. 혹자는 셀레나 헌팅턴 부인을 가리켜 다소 오만하고 독단적 성격의 소유자라고 말하기도 하고 어떤 이들은 '최초의 여성 메소디스트 감독'이라고 일컫기도 한다. 그러나 감리

13) Earl K. Brown, *op. cit.*, 191－93.

교 부흥운동에 있어서 그녀가 공헌한 여러 가지 업적은 간과할 수 없다.

셀레나는 그녀 자신의 임종이 가까워졌을 때에 그녀가 건립한 교회당을 네 명의 상임이사들로 구성한 '자치상임위원회'에 위임했고 트레베카 신학교도 7명의 평의원으로 구성한 '7인의 평의원위원회'에 위탁하였다. 셀레나 셜리 헌팅턴 부인은 1791년 7월 17일 84세의 일기로 스파 필드(Spa Fields) 인근의 자신의 집에서 생애를 마쳤는데 그녀의 마지막 말은 애셜리에 있는 기념묘비에 새겨져 있다. "나의 모든 일은 마무리되었다. 나는 아무것도 한 것이 없다. 그러나 나는 아버지에게로 간다."[14](My work is done. I have nothing to do but go to my father.)

---

14) Earl K. Brown, *op. cit.*, 198.

## 3 감리교 여성 설교자의 원형 메리 보산퀫 플레처

감리교 부흥운동이 점점 확산되어 가면서 크로스 홀(Cross hall)을 중심으로 약 13년간 선교하고 있던 메리 보산퀫이 있었는데 그녀는 존 웨슬리의 후계자로 예정되어 있었던 존 플레처(John Fletcher) 목사의 부인이면서 감리교 여성 설교자의 원형이기도 하였다. 메리는 플레처와 함께 공동목회를 하면서 레이톤스톤(Leytonstone)의 학교지도자로서 또는 마들리(Madeley) 교구의 속회 인도자로서 그리고 소위 '여성형제단'(the Female Brethren)이라고 일컫는 여성 상호후원회 조직의 주요 멤버로서 초기 감리교 부흥운동의 간과할 수 없는 가장 영향력 있는 여성 지도자 가운데 한 사람이다. 메리 보산퀫은 1739년 9월 1일 레이톤스톤의 조용한 시골마을인 에섹스(Essex)에서 부유하고 교양 있는 중산층의 가정에서 태어났다. 그녀의 종교적 관심은 그녀의 집에서 가사를 돌보던 여자고용인과 13살 때의 르페브르(Mrs. Lefevre: 1723~65?) 여사를 방문하기 시작하면서부터였는데 그녀의 부모는 딸의 그러한 종교적 관심을 달가워하지 않았다. 메리의 최초의 회심체험은 그녀 자신이 부모가 강요하는 당시의 사회적 관습을 거부하고 가정에 불화를 일으키는 자신의 상황을 생각하면서 우울해하고 있을 때에 경험했는데 이상한 빛과 능력으로 그녀를 감싸면서 "두려워하지 마십시오. 당신은 나와 함께 빛 가운데 걸어야 합니다. 내가 당신을 가치 있는 삶으로 인도할 것입니다."[15]라는 내적 음성을 들었다. 그녀는 이것이 하나님의 음성이라는 것을 추호도 의심하지 않았다. 메리는 가끔 그녀의 가족이 요크셔의 휴양지 스카보로(Scarborough)로 여행을 떠날 때에 런던에 있는 삼촌 집에 머물러 웨슬리와 맥스웰 부인의 설교를 들었으며, 또는 파운데리의 감리교 신도회의 회원들과 교제를 하기도 했다. 그녀는 스무 살 때, 아버지로부터 적지 않은 재산을 물려받아 레이톤스톤에 고아들과 빈민들을 위한 학교와 사회봉사센터를 세웠는데 이는 사라 크로스비(Sarah Crosby)와 사라 란(Sarah Ryan)과 함께 감리교 선교센터의 주요한 역할을 담당했으며 이후 그 공동체는 요크셔로 이사하여 크로스 홀을 중심으로 활발한 복음주의 운동을 전개하였다. 1761~1762년 런던과 라글 도시 주변에 큰 부흥운동이 있은 후에 1763년 3월 24일 킹스우드의 전례에 따라 메리 보산퀫은 레이톤스톤에서 고아원과 학교를 설립하고 본격적인 감리교운동의 사회

---

15) Earl K. Brown, *op. cit.*, 133－34.

봉사활동을 시작하였다. 사라 란은 17세 때에 조지 휫필드의 설교를 듣고 사라 크로스비의 권유에 의해 존 웨슬리를 대면하면서 파운데리 신도회에 가입하였다. 그녀는 불행한 결혼을 하면서 메리 보산퀫의 자선활동과 감리교 선교사역에 헌신적인 봉사를 했는데 웨슬리는 그녀를 메리의 동역자로서 간주하고 이 '시더스'(Cedars)의 크리스천 공동체를 적극 후원하였다. 웨슬리는 1764년 12월 1일 레이톤스톤 공동체의 선교활동에 대해 관심어린 애정과 기대를 가지고 그의 저널에서 다음과 같이 기록하였다. "메리 보산퀫이 나에게 레이톤스톤에서의 그들의 사역에 대해 보고했을 때에 나는 그들이 진정 경건한 크리스천 공동체를 형성하고 자선활동과 복음주의 운동 및 어린 아동들의 교육에 매진하고 있음을 깨닫고 기쁘고 감사한 마음이다."라고 칭찬했다.[16] 이 시기에 메리 보산퀫은 존 웨슬리의 후원 아래 이 공동체에 대한 좀 더 자세한 설명을 부연하여 "에섹스, 레이톤스톤에서의 선교활동, 1763"(*An Account of the Rise & Progress of the work of God in Latonstone, Essex*, 1763)이라는 소책자를 출간하였다. 또한 레이톤스톤에는 감리교 신도회가 설립되었는데 이것의 설립취지는 다음과 같다. 첫째, 신도회의 회원은 하나님의 사랑 안에서 개개인의 의지와 지향하는 목표가 그리스도인의 완전을 추구하는 열망을 가져야 한다. 둘째, 신도회 회원은 각자 모이기를 힘쓰며, 개개인의 영혼이 하나님의 말씀

---

16) Paul W. Chilcote, *John Wesley and the Women Preachers of Early Methodism*(The American Theological Library Association and The Scarecrow Press, Inc. Metuchen, N.J., & London, 1991), 126.

으로 새롭게 변화됨을 소망하며 기도해야 한다. 셋째, 신도회의 회원은 상호간에 친밀한 교제와 이웃사랑을 통하여 매사에 겸손함과 온유함으로 다른 연약한 지체들을 돌보고 공동체의 성화훈련에 힘쓴다. 넷째, 진리의 영(靈)을 갈망하며 공동체 안에서 남을 헐뜯고 해를 주는 험담이나 독설을 삼간다. 다섯째, 항상 깨어 기도하고 말씀을 묵상하면서 누군가가 당신의 소망에 대해 질문하는 자가 있거든 분명하고 확실하게 대답할 준비를 한다. 여섯째, 당신의 눈과 귀를 오직 그리스도께 집중하고 당신의 삶을 매순간마다 성령이 기뻐하시는 살아 있는 영적 제사로 봉헌하라는 것 등이다.[17]

1768년 6월 7일 메리 보산퀫은 요크셔의 리즈(Leeds) 가까이에 있는 크로스 홀로 거처를 옮기면서 농장을 구입했는데, 이는 그녀의 시더스에서의 선교사역과 어린 아동들의 교육활동에 더 많은 재정적 필요를 절감했으며, 또한 사라 란 부인의 건강이 점차 악화되었기 때문이다. 크로스 홀은 당시 많은 복음적 열정을 가진 여성들이 함께 모여 작은 집회를 갖고 그들의 신앙을 자유롭게 표현할 수 있는 기회를 가졌다. 그리고 이 시기에 리즈의 올드 보가드 하우스(Old Boggard House) 대예배당에서 '여성형제단'의 기초를 마련한 앤 트립(Ann Tripp)도 크로스 홀의 고아원과 빈민학교에서 교사와 어린이들을 양육하는 봉사자로서의 역할을 성실히 수행하였다. 1770년경 요크셔는 교구의 약 1/3 이상이 감리교 채

17) Earl K. Brown, *op. cit.*, 140-41.

플로써 형성되었다. 메리 보산퀫은 리즈에서의 감리교 선교활동을 다음과 같이 언급하였다.

> "……매주 수요일 저녁, 감리교 신도회의 모임은 점점 증가하는 신도들의 참여로 대략 50여 명의 회원들이 서로의 친밀한 교제를 통해 그리스도인의 자유와 참기쁨을 만끽하는 경험을 나눈다. 신도들이 많이 모인 때는 (이들 중엔 수 마일 떨어진 곳에서도 참석하는 사람들이 있다) 나는 그들에게 가능하면 할 수 있는 대로 그곳에서 우리와 같은 신도회 모임을 구성하여 모이기를 힘쓰며, 집회를 위한 하나님의 은혜를 간구하는 기도를 잊지 않기를 부탁한다. 우리는 가끔 그들의 모임에도 초청되어 참석을 하는데 시간이 지날수록 그것은 점점 확대되었다."[18)]

사실 크로스 홀에서의 메리 보산퀫은 그리 순탄한 생활만은 아니었다. 1768년 8월 17일 사라 란 부인이 사망하고 그녀의 공적인 연설에 대한 주변 사람들의 편견과 학교 운영 및 고아원을 돌보는 데 필요한 재정적인 곤란 등의 문제에 직면해 있었다. 그러나 그녀는 17세 때에 특수소명을 받은 과거의 경험들을 상기하고 초대교회 여집사들이 그러했던 것처럼 하나님의 도우심을 바라고 꾸준히 선한 일들을 성심껏 행하리라고 결심하였다. 한편 메리는 존 웨슬리의 후계자로 예정되어 있던 존 플레처와 결혼했는데 그는 1752~1757년 사립학교의 교사로서 생활하다가 감리교 신도회에 입회하였다. 플레처는 지적이며 영적 통찰력이 탁월한 사람이었다. 그는 1755년 거듭남을 체험하고 웨슬리의 권유로 신학적

18) Paul W. Chilcote, *op. cit.*, 130.

훈련과 지식을 축적하면서 이후 감리교 순회설교자로서 활동하게 되었다. 그는 1757년 슈롭셔(Shropshire)의 마들리 교구의 부사제로서 일했으며, 약 28년 동안 웨슬리의 신실한 동료 목회자이자 뛰어난 감리교 순회설교자로서의 역할을 충실히 감당했다. 또한 플레처는 웨슬리안 신학의 은총론과 자유의지론 사상을 옹호하는 주요 논문들을 발표하였다. 사우스(Southey)에 의하면 "그와 같이 열정적인 사명감을 가진 인물을 발견하기란 쉽지 않으며, 어느 교회도 그러한 사도적인 목회자를 소유하기란 어려울 것이다."[19]라고 격찬하였다. 존 플레처와 메리 보산퀫은 1756년 혹은 1757년에 처음으로 만났다. 그들은 당시 파운데리 신도회에 속해 있었으며, 플레처는 보산퀫의 사역에 관심이 많았다. 그는 웨슬리 형제에게 편지하기를 "자신에게 메리 보산퀫은 인생의 동반자로서 매우 이상적인 여인이라고 생각하지만 그녀가 상당한 재산의 상속인이고 또한 유능한 자질을 갖춘 여성이기에 자신에겐 아무래도 과분한 배우자라고 느낀다."라고 토로하였다. 이에 웨슬리는 플레처에게 독신생활에서처럼 결혼을 하여 하나님을 헌신적으로 섬긴다는 것은 쉽지 않을 것이라고 충고하였고 찰스 웨슬리도 좋은 아내를 얻는 것은 천에 하나의 경우로 그것은 행운에 맡기는 것이 가장 현명한 방법이라고 말하였다. 메리 보산퀫 역시 그녀의 일기에서 존 플레처에 대해 "그는 내 영혼에 용기와 힘을 북돋워 줄 사람이다."라고 기록하였다.[20] 그러나 메리 보산퀫이 1768년 런던

19) Earl K. Brown, *op. cit.*, 141－42.

을 떠난 이후 약 12년 동안 플레처와의 직접적인 연락을 취하지 않았는데 그녀가 1773년 플레처의 "안티노미니안주의에 대한 네 번째 반박"(*The Fourth Check to Antinomianism*)이라는 저서를 읽으면서 그녀 자신이 그를 잊지 않고 있음을 발견하였다.

그로부터 3년 후 메리 보산퀫은 존 플레처가 스위스에서 심각한 병을 앓고 있다는 소식을 듣고 그를 위해 기도하면서 저널(*Journal*)에 기록하기를 "주께서 그를 일으키신다면, 또한 그가 무사히 영국으로 돌아온다면……" 하는 간절한 쾌유를 비는 소망을 표현했다.[21] 그런데 존 플레처는 놀랍게도 스위스에서 건강을 회복하고 영국으로 돌아와 곧 메리 보산퀫에게 편지를 했다. 그녀는 이 편지를 1781년 6월 8일에 받았는데 이는 두 사람에게 있어서 실로 14년 만의 첫 접촉이었다. 플레처는 메리를 만나기 위해 두 달 후인 8월 1일에 요크셔를 방문했고 그들은 영적인 문제뿐만 아니라 서로의 현실적인 상황에 대해 마음을 열고 대화를 나누었다. 메리와 플레처는 약 24년간의 오랜 세월 동안 소중히 간직해 온 사랑과 진실한 관심이 지금도 서로에게 여전히 존재하고 있음을 확인하고 그들의 결혼의사를 존 웨슬리에게 알렸다. 메리 보산퀫은 이 시기에도 크로스 홀 농장을 파는 문제와 그녀의 공동체 가족을 위한 새집을 구하는 일로 매우 분주하였다. 존 플레처와 메리 보산퀫은 1781년 11월 12일 버틀리(Batley) 교회에서 많은 사

20) Earl K. Brown, *op. cit.*, 141－42.

21) Earl K. Brown, *op. cit.*, 143－44.

람들의 축복 가운데 결혼을 하였다. 메리는 이때의 기쁨과 행복을 다음과 같이 표현하였다. "그는 모든 면에서 사려 깊은 성품의 배우자이다. 그는 마치 그리스도가 몸된 교회를 사랑하시듯 네 아내를 사랑하라는 성서의 말씀을 항상 나에게 생각나게 하는 것처럼 나의 실수와 허물을 덮어 주며 사랑과 신뢰하는 마음으로 대화를 나눈다. 그의 그러한 노력은 진실로 나를 행복하게 한다. 그의 가장 강렬한 소망은 나의 영적인 성장에 관한 것인데, 그는 성서에 대한 탁월한 이해력과 분별력의 소유자이며 이것이 나 자신을 그와 함께 협력하며 동시에 순종할 수 있게 하는 근거이다."[22] 존 플레처 역시 사라 크로스비에게 그녀와 결혼한 기쁨을 알렸는데 그는 "하나님은 죽음이 우리를 갈라놓을 때까지 내 누이이자 동반자이며 아내인 메리를 발견하게 하셨습니다. 그녀는 탄광에서나 교구 주민들에게 두려움 없이 복음의 사역을 감당하며 활발한 봉사활동을 하고 있습니다."[23]라는 내용의 편지를 보냈다. 메리 보산퀫과 존 플레처는 1782년 1월 2일 마들리로 떠났다. 마들리는 플레처가 무려 20여년 동안 봉사한 시골의 한 교구로 이곳에도 산업혁명의 여파로 석탄과 철제산업이 발달하였다. 동년 11월 12일에 존 플레처는 마들리 교구의 목사가 되었다. 그들은 함께 교구집회를 인도하면서 순회설교도 하였고 그들의 자산으로 감리교 순회설교자들을 위한 아름다운 채플도 건립했다. 한편 메리 보

---

22) Earl K. Brown, *op. cit.*, 144.

23) Earl K. Brown, *op. cit.*, 144.

산퀫은 교구민들을 중심으로 속회와 조를 조직하고 규칙적으로 채플을 방문했다. 그 외에 그녀는 어린이들을 위한 주일학교(Sunday school)[24]를 열고 그들이 책을 읽고 글을 쓸 수 있는 능력과 함께 올바른 기독교인으로 성장하기 위한 종교적 가르침도 교육하였다. 존 플레처는 웨슬리와 마찬가지로 영국 국교회의 전통을 견지하면서 마들리 교구에서 약 25년간을 시무하였다. 그러나 불행히도 메리 보산퀫과 존 플레처는 3년 9개월의 짧은 결혼생활을 하였는데, 이 시기에 그들은 자신들의 목회사역에 대한 특별한 은혜와 결실의 체험을 하였다. 즉 마들리는 종교적인 목적과 예배를 위한 집회의 장소가 되었고 수백 명의 영혼들이 개종하였으며, 마들리뿐만 아니라 다른 지역의 교구에서도 감리교 신도회가 형성되어 때때로 메리 플레처가 교회에서 공적연설을 할 때에 모인 사람들 가운데 타 교구에서 온 몇 명의 혹은 그보다 많은 경건하고 유능한 사람들을 보는 것은 흔한 일이었다. 메리는 플레처가 폐결핵으로 56세의 일기로 세상을 떠나자 그러한 슬픔을 극복하기 위해 더욱 마들리 교구의 목회활동에 전념하였다.

24) 주일학교는 18세기 영국의 전형적인 어린이 교회학교라고 할 수 있다. 첫 번째 주일학교는 1780년 글로체스터(Gloucester)의 리처드 레이크스(Richard Raikes)가 세운 학교를 가리키지만 실지 이보다 11년 전인 1769년 한나 발(Hannah Ball)이라는 감리교 여성이 가난한 아동들을 위한 교육과 경건의 가르침의 장소로서 하이 웨이콤(High Wycombe)에 주일학교를 설립하였다. 당시 플레처 부인도 오랜 교육의 경험으로 1785년 어린이들을 위한 주일학교를 시작했으며, 그 후 맥스웰(Maxwell) 부인도 1770년 에든버러(Edinburgh)의 일일학교(Day schools)를 설립하고 나서 플레처 부인의 경험을 전해 듣고 1787년에 약 60여 명의 남자 아동과 여자 어린이를 소집하여 글을 읽고 쓰는 것과 종교적 가르침을 목적으로 하는 주일학교를 시작하였다. Earl K. Brown, *op. cit.*, 64-66.

플레처 목사의 후임으로 지역교구의 후원자의 아들인 케네슨(Kennerson)이 지목되었는데 그는 자신은 명목상의 교구 책임자로서 임무를 수행할 것이며 마들리 교구의 가장 실질적인 목회자는 메리 보산퀫 플레처라고 언급하였다. 존 웨슬리는 메리 보산퀫에게 런던의 시티 로드 채플(City Road Chapel)에서 그녀의 유능한 설교의 은사를 발휘하기를 기대했으나 메리는 플레처가 예전에 자신에게 말한 대로 "당신이 나와 결혼할 때에는 나의 교구와도 결혼한 것이오"라는 말을 상기하면서 그녀 자신의 삶을 마들리 교구에서 종교적인 사역과 이웃에게 봉사와 자선활동을 하며 헌신하기로 결심하였다.[25] 메리 플레처는 교구에서 예배인도와 성찬식의 집행은 감리교 순회설교자들이 규칙적으로 방문하여 협력해 줄 것을 요청했다. 이에 처음으로 임명된 교구의 순회설교자는 멜빌 호른(Melville Horne)이었다. 메리 플레처가 마들리 교구에서 계속 바쁜 생활을 하는 동안 그녀가 레이톤스톤에서 학교와 고아원을 운영할 때에 교사로서 봉사했던 미스 투스(Miss Tooth)와 또는 그녀의 절친한 동료이자 콜포트(Coalport)에서 복음전도자로 활동하던 사라 로렌스(Sarah Lawrence)가 슈롭셔(Shropshire)를 방문하기도 했다. 메리 플레처는 마들리에서 그녀와 그녀의 남편이 세운 비카리지(Vicarage)의 몇몇 교회에서 설교도 했으며, 그중에 타이스 번(Tithe-barn)은 그녀가 성직자와 평신도들을 위한 구원(救援)에 관해 유명한 설교를 한 장소로 알려지고 있다.

---

25) Earl K. Brown, *op. cit.*, 147-48.

메리 보산퀫은 인생의 황혼기에 삶을 회고하면서 그리스도와 신실한 신자와의 관계를 다음과 같이 묘사하였다. “모든 신자는 주 안에 있는 가지이며 그것은 나무와 일치된 부분에 접목되어 있다는 것을 믿는다. 가지가 나무에 완전히 일치될 때에는 그것은 완전한 포도나무의 한 부분이다. 그것은 포도나무와 더불어 완전히 하나의 본성이다. 생명의 근원이 모든 부분을 통해 자유롭게 교류한다. 우리는 더 이상 홀로 존재하지 않는다. 그리스도가 우리 가운데 항상 임재하시며 우리는 신앙에 의해 순간으로부터 순간까지 인도받는다.”[26] 그 외에 메리 보산퀫은 어린이들을 위한 교사로서 또는 목회자의 부인과 감리교 속회조직의 인도자로서 또한 교구민들을 위한 영적인 상담자로서의 역할을 충실히 감당했는데 존 웨슬리는 그러한 그녀의 활동을 지켜보면서 “메리 보산퀫은 세상에서 가장 신뢰할 수 있는 동료 가운데 한 사람”이라고 말하였다. 그녀는 또 자신의 땅과 재산의 일부를 가난하고 병든 자, 고아와 과부들의 생활을 보호하기 위한 자선단체를 조직하는데 봉헌하였다. 그러나 무엇보다 메리 보산퀫은 말씀 증거자로서 특별한 소명을 갖고 있었는데 존 플레처는 그러한 그녀의 카리스마적 은사를 이해하고 그것을 적극 발휘하도록 격려하였다. 예컨대 메리 보산퀫의 설교방식은 주로 간증과 권면 그리고 그녀 자신의 영감에 따른 성서의 본문을 채택하여 그것을 공중 앞에서 연설하거나 혹은 교리문답식 형식을 취해 말씀을 증거하고 화답하는

---

26) 김신아, 웨슬리 감리교운동의 여성 설교가들에 관한 연구(서울 감리교신학대학교 석사학위논문, 1992), 50, 재인용.

방식이었는데 그녀가 가끔 해설을 위해 참고하는 저서는 초대교회의 경건한 사도들의 전기와 종교적이고 영적인 신앙고백의 내용들이었다.

메리 보산퀫은 남편이 죽고 난 이후 슈롭셔에서 약 30년을 더 살았다. 1810년 7월 스가랴 테프트(Zechariah Taft)가 비카리지에서 그녀를 방문했을 때에 "그녀는 여전히 일주일에 여섯 번의 신도회 모임과 속회의 인도자로 활동하였으며, 그 가운데 두 번은 교회에서 공적연설을 하기도 했다."라고 언급하였다.[27] 메리 보산퀫의 마지막 설교는 1815년 7월 25일 타이스 번에서 그녀의 나이가 76세 되던 해에 행해졌는데 그녀는 말년에 구원의 은혜와 성령의 내주하심에 대해 다음과 같이 표현하였다. "나의 영혼은 주님의 축복으로 만족해하고 있다. 나는 나의 삶이 그분이 인도하시고 보호하셨음을 확신한다. …… 돌아갈 내 고향은 아름답고 평온한 휴식이 있는 곳, 그곳은 우리에게 감춰진 망망대해와도 같은 심원하고 비밀스러운 장소, 나는 후일에 평화로운 마음으로 에덴에 있는 내 친절한 벗들과 얘기를 나누리라."[28] 동년 12월 9일 메리 보산퀫 플레처는 "나의 사랑하는 주님의 품 안에서 날고 싶다. 나를 에워싼 주님의 따뜻한 손길을 느낀다."라는 일기를 남기고 일생을 마감하였다. 1843년 버언(Burns)은 그녀의 전기(傳記)를 출판하였다. 그는 메리 보산퀫 플레처가 이웃과 사랑하는 사람들에게

---

27) Earl K. Brown, *op. cit.*, 153.

28) Earl K. Brown, *op. cit.*, 154.

열정적으로 복음을 전파한 감화력 있는 여성 설교자임을 인지하고 다음과 같은 글을 썼다. "안식일에 주님의 일을 감당하는 경건한 여성들을 위해, 누가 병든 자와 갇힌 자에게 복음의 기쁜 소식을 전하며 절망하고 애통하는 자에게 주님의 사랑과 자비로운 은총을 베푸는가?"[29]

29) Earl K. Brown, *op. cit.*, 154.

4

# 감리교 최초의 비공식 여성 설교자 사라 크로스비

사라 크로스비는 1729년 11월 7일 리즈(Leeds)에서 출생하였다. 1749년 10월 29일 회심을 하면서 다음과 같이 말하였다. "내가 스무 살이 되었을 때, 주님께서 내 마음속에 말씀하셨습니다. 나의 고통은 회심과 함께 끝났으며, 이제 사람들에게 그리스도의 사랑과 은혜에 대해 증거하고자 합니다. 오직 그분의 현존 안에서만 기쁨과 평안을 얻을 수 있습니다."[30] 그녀는 1749년 11월과 1750년 1월 사이 런던에서 휫필드의 설교를 들었고 파운데리에서 웨슬리의 설교를 들었다. 그녀는 1750년 10월 파운데리 신도회에 가입하였고 약 2년 후에 속회의 지도자가 되었다. 1757년 2월 2일 사라가 웨슬리에게 보낸 편지에 의하면 그녀의 남편은 결혼한 후 7년간이나 가정을 돌보지 않았다고 한다.

---

30) Paul W. Chilcote, *op. cit.*, 118.

사라의 새로운 삶이 이때부터 시작된 것이었다. 사라는 동년 5월 초기 감리교 부흥운동에서 가장 중요한 동역자 가운데 한 사람인 메리 보산퀫을 만나게 되었고 당시 다소 우울한 감정에 빠져 있던 메리는 연장자인 사라 크로스비로부터 영적인 상담을 구할 수 있었다. 이 시기에 메리는 크로스비의 연설을 듣기 위해 집회에 참석했다고 말하면서 그녀와의 최초의 만남에 대해 다음과 같이 증언하였다. “나는 미스 프럴리(Miss Furley)로부터 전갈을 받았다. 그날 사라 크로스비가 그녀의 집을 방문할 것이라고 하였다. 나는 영적으로 기도하는 그녀를 만날 것을 기대하면서 갔다. 그녀는 단순하게 하나님께서 그녀 자신의 영혼에게 역사하신 일을 설명하면서 자신의 자아가 완전히 비는 체험을 하게 하셨다고 하였다.”[31] 그 후 사라는 파운데리에서 멀지 않은 무어필드(Moorfields) 근처의 크리스토프 엘리(Christopher Alley)의 집에 머물면서 사라 라이언(Sarah Ryan)과 메리 클락(Mary Clark) 그리고 메리 보산퀫과 함께 초기 감리교 부흥운동에 활발히 참여하여 일하게 되었다. 사라 크로스비는 1761년 2월 8일 더비(Derby)에 있는 한 속회에서 약 200여명 가량의 속도들에게 그들을 위한 간증과 권면의 설교를 하게 되었다. 그녀는 처음에 어떻게 해야 할지 망설였으나 곧 그렇게 하는 것이 옳은 일이라는 확신을 가지고 그들과 함께 찬송을 불렀고 기도를 했으며 동시에 그리스도께서 그녀 자신에게 행하신 일들을 증거하였다. 그리고 그들로 하여금 모든 죄(罪)에서 떠나라고

31) Paul W. Chilcote, *op. cit.*, 119.

이야기했다. 그녀는 다음과 같이 말하였다. "나는 더 이상 주님께서 내 안에 이루신 위대한 일을 선포하는 데 주저하지 않습니다. 나의 영혼은 사람들에게 말씀을 선포할 때에 아주 평안했습니다. 나는 양심의 가책 없이 말씀을 증거한 후에 그리스도의 임재를 느낍니다."[32] 사라는 회심 이후 런던 신도회에서의 활발한 사역을 전개하면서부터 하나님께서 자신에게 설교하라고 명하시는 내적 부르심을 어렴풋이 느끼고 있었는데, 그녀가 파운데리에서 속회 지도자로 일하는 동안 기도하는 중에 우연히 그리스도의 비전을 보고 소명체험을 하게 되었다. "나는 기도하였다. 내 영혼은 하나님의 권능(權能)으로 압도되었고 내 앞에 계신 그리스도를 본 것 같았다. '주여 나는 당신을 따를 준비가 되었습니다. 만약 당신이 인도하신다면 죽음의 골짜기라도 동행하겠습니다.' …… 그는 내 마음 속에 다음과 같이 말씀하셨다. '내 양을 먹이라.' 그녀는 곧 응답하였다. '당신이 나에게 하셨던 것처럼, 저도 그렇게 하겠습니다. 나는 양들을 당신의 품 안으로 데려와 그들을 겸손히 인도하겠습니다.'"[33] 사라는 속회에서 점진적으로 감화력 있는 간증을 하게 되었고 설교에 보다 가까운 공적연설을 하게 되었다.

앤 길버트(Ann Gilbert)는 그녀가 "사람들이 회개하기를 간절히 탄원하였다."라고 언급하였고 주디스 랜드(Judith Land)는 그녀가 "사람들에게 죄를 뉘우치고 하나님께 돌아오도록 권면하는 것에

32) Earl K. Brown, *op. cit.*, 170.

33) Paul W. Chilcote, *op. cit.*, 119 - 20.

동의할 때까지 안식을 취하지 않았다."라고 기술하였다.[34] 사라는 자신의 소명체험과 공적연설에 대한 행동을 웨슬리에게 보고하면서 그의 조언을 구했다. 웨슬리는 1761년 2월 14일에 보낸 답장에서 "나는 당신이 어떠한 법을 위반했다고 생각지 않습니다. 그러나 감리교는 여성 설교자를 허락하지 않습니다. 나 역시 그러합니다. 나는 내가 느낀 바를 당신에게 솔직하게 말할 것입니다. 당신은 그들에게 이렇게 말하십시오. '나는 내 마음속에 경험한 것을 숨김없이 말하겠습니다.' 또는 당신이 연설하기 전에 성경의 어떤 장에 대한 요약이나 주석을 그들에게 읽어 주거나 혹은 예전에 다른 여성들이 한 것처럼 (그것을) 가장 잘 이해할 수 있는 설교들 가운데 하나를 택해서 읽어 주는 것이 좋습니다."[35] 즉 웨슬리는 사라의 사역이 타당한 행위이며 그것을 인정하고 격려하는 내용의 편지를 보냈다. 웨슬리와 사라 사이에 공적인 연설에 관한 편지는 계속되었다. 웨슬리에게 있어서 사라 크로스비는 분명 공식적으로 인정된 여성 설교자가 아니었다. 그러나 그는 사라 크로스비를 통해 특수소명을 받은 여성들을 보게 되었고 또한 이들의 사역에 임하시는 하나님의 은총(恩寵)을 인식하였다. 사라는 수차례 웨슬리와 순회 전도여행을 다녔고 설교를 포함하여 북부 요크셔의 황무지와 같은 들판에서 야외예배를 인도하기도 했다. 그녀의 저널

---

34) Earl K. Brown, *op. cit.*, 16.

35) Earl k. Brown, "Women of the Word" Hilah F. Thomas and Rosemary S. Keller, eds., *Women In New Worlds: Historical Perspectives on the Wesleyan Tradition*(Nashville: Abingdon Press, 1981), 74–75.

에 관계된 기록을 보면 사라 크로스비가 한 해 동안 리즈와 요크셔 및 북부 맨체스터 지방에서 약 960마일 순회 전도여행을 했고 약 220여 회의 집회와 무려 600여 회의 속회 및 작은 집회를 인도했으며, 대개 120여 통의 편지를 썼다고 한다. 웨슬리가 사라에게 보낸 편지는 현재 24통이 보존되어 있다. 그녀는 1780년대 이후 감리교 여성 설교자들의 모임인 '여성형제단'에 참여하여 끊임없는 복음전도자로서의 역할을 감당하였다. 사라는 1804년 10월 24일 74세의 나이로 생을 마감했는데 그녀의 절친한 동료인 엘리자베스 리치 몰티모어(Elizabeth R. Mortimer)는 "나의 영혼과 같이 사랑하는 친구이며, 나의 신앙생활의 첫출발에서부터 벗이었던 사라는 죽음도 갈라놓을 수 없는 신앙의 유대감 속에 깊이 자리 잡고 있다."라고 말하였다.[36]

36) Earl K. Brown, *op. cit.*, 89.

# 5 감리교운동의 재정적 후원자 레이디 맥스웰

맥스웰 부인은 폴록(Pollock)의 부유한 남작부인으로서 주일학교의 설립자이며 헌팅턴의 셀레나 백작부인과 같이 웨슬리를 비롯한 많은 감리교 지도자들의 영적 카운슬러였다. 레이디 맥스웰은 1742년 스코틀랜드 에어셔(Ayrshire)의 토마스 브리스번(Thomas Brisbane) 경의 딸로 태어나 가정교사의 지도 아래 상류계층의 교양과 지식을 쌓았다. 그녀는 스코틀랜드 장로교의 종교적 배경 속에 자연스레 교회의 이웃사랑과 섬김의 덕목을 접하게 되었으며 또한 그녀는 본래 친절한 성품과 관대한 아량을 소유했던 것 같다. 맥스웰은 그녀의 나이 16세 때에 로시언(Lothian)의 후작부인인 그녀의 숙모에 의해 상류사회에서 종교적 신앙심이 돈독한 여성들의 모임에 종종 참여하게 되었는데 로시언의 후작부인은 당시 헌팅턴 백작부인의 집에 조지 휫필드의 설교를 듣기 위해 참석한 칼빈주의 감리교도들 중의 한 사람이었다. 맥스웰은 17세 때에 폴록의 준남작이었던 월터 맥스웰(Walter Maxwell)과 결혼하였는데 불행히도 그녀의 결혼생활은 2년이 조금 지난 후에 남편의 갑작스런 병마로 인해 좌절되고 말았다. 그녀는 20세가 되기도 전에 에든버러의 귀족사회에서 많은 재산과 탄탄한 사회적 지위를 가졌다고 할 수 있었지만 아이가 없는 과부가 되었다. 그때 그녀의 신앙심은 스코틀랜드 장로교의 일반적인 내용을 지적으로 이해하는 수준에 머무르는 데 불과할 뿐이었고 그녀 자신도 그리스도에 대한 인격적 관계에 관해 관심을 가지고 별로 생각한 바가 없었다.

그러나 맥스웰 부인이 남편을 잃은 슬픔을 극복하기 위해 가장 큰 도움을 받은 것은 감리교 신도회를 통해서였다. 혹자는 그녀가 로시언 후작부인인 그녀의 숙모로부터 감리교도에 대한 어떤 사실을 간접적으로 들었거나 혹은 그녀가 남편이 죽은 다음에 고통 가운데 종교적 위안을 얻고자 에든버러에서 감리교운동과 관련된 복음주의 부흥설교자들의 집회에 참석하면서, 말하자면 — 웨슬리의 표현을 빌리면 — 그녀가 진정 갈망하는 성령의 내적 증거를 확신하기 위해 마음을 다해 노력했다는 점을 들 수 있을 것이다. 레이디 맥스웰은 1764년 감리교 신도회에 입회하였다. 기실 남편의 예기치 않은 죽음이 그녀로 하여금 보다 내면의 영적, 종교적 탐색으로의 길을 추구하게 하였다. 그녀가 감리교 신도회에 입회하기 직전에 그녀 자신이 새롭게 결심한 신앙고백의 일기는 이미 그리스도를 향한 사랑과 돌보심을 간구하는 경건한 구도자로서의 소망을 표현하고 있다.

"만약 당신이, 주님께서 사랑하는 아들을 보여 주시고자 한다면 나에게 그에 대한 관심의 증거를 분명히 알게 해 주시고 한없는 그의 사랑을 나의 마음에 항상 부어 주세요. 또한 그가 사랑의 끈으로 나 자신을 묶어 언제나 하나님에게로 당겨지는 것을 느끼도록 해 주십시오. 그리고 시련의 시간 속에 그의 힘이 나의 약함 가운데 완전한 능력이 되게 하시고 나를 유혹이나 세상의 허영에 빠지지 않도록 해 주십시오. 당신께서 그러한 위대한 일을 나에게 베풀어 주신다면 그렇다면 당신의 능력 안에서 나의 영혼과 몸과 정신을 영원한 구속적 은총 가운데 매임을 받을 것입니다. …… 이제 나는 포근한 안식처인 예수 그리스도의 품 안으로 도피하고자 합니다. 나의 마음이 온전히 그에게 바쳐지며, 그가 내 마음속의 죄와 교만을 비워 주시고 당신의 썩지 않은 부활(復活)의 형체를 감히 내 영혼에 덧입혀 주시길 진심으로 기도합니다. …… 당신께서 힘과 용기를 나에게 주신다면 당신의 뜻과 세상에 대한 관여의 의지에 나 자신을 복종할 것을 약속합니다."[37]

맥스웰 부인은 존 웨슬리를 1764년에 처음 만난 것으로 보인다. 설령 그녀가 자신의 구원에 관해 완전히 확신을 표명한 바는 아니었지만 웨슬리는 그녀의 지속적인 신앙에의 관심과 경건한 열망으로 인해 깊은 인상을 받았고 레이디 맥스웰 역시 웨슬리의 설교에 감명을 받았다. 웨슬리는 맥스웰 부인에게 하나님께서 고난을 통해 그녀로 하여금 보다 나은 자녀가 되도록 인도하고 계

37) Earl K. Brown, *op. cit.*, 119.

신다는 믿음을 확인시켜 주었다. 웨슬리는 또 편지하기를 "내가 생각건대 하나님께서 당신을 진정한 그리스도인으로 변화시키기 위해, 즉 당신의 마음에 그리스도가 품었던 마음을 품고 그리스도가 걸었던 길을 함께 걷는 그러한 신실한 크리스천으로 거듭나도록 하기 위해서 무던히 애를 쓰신 것 같습니다."[38]라고 격려하였다. 웨슬리는 그녀와의 영적 상담을 위해 약 4년간에 무려 13통의 편지를 주고받았다. 맥스웰 부인이 웨슬리에게 에든버러에 있는 감리교 신도회에서 일하기를 원한다는 편지를 하였을 때, 그녀는 자신이 속해 있는 스코틀랜드 장로교의 전통을 거부한다는 의사가 아니었다. 1765년 4월 23일 그녀는 웨슬리를 다시 한 번 만났는데 이때 그녀는 자신의 모든 것을 하나님께 헌납하는 서원의 기도를 하였다. 웨슬리는 그녀의 신앙이 점점 성장해 가는 것을 느꼈으나 아직도 그녀에게 성령의 내적 확증과 마음의 평화가 없다는 것을 인식하였다. 웨슬리는 맥스웰 부인에게 초기 감리교인들이 체험한 회심의 역사가 그녀에게 일어나기를 기대했다. 웨슬리는 동년 7월 5일 다음과 같은 편지를 보냈다.

> "협력하여 선(善)을 이루시는 하나님께서 우리에게 밝히 드러내지 않고서 다른 사람에 비해 당신에게 서서히 역사하시는 데는 충분한 이유가 있을 것으로 생각합니다. 하나님이 그대에게 베풀고 계신 것에 대해 그대는 그것을 마치 하루의 아침 해가 떠오르는 것처럼 거의 느끼지 못할 정도로, 아니 조금씩 감지할 수 있도록 하는 것이 하나님에게는 오히려 기쁜 일인지도 모르겠소. 어떻게 시작되는가 하는

38) Earl K. Brown, *op. cit.*, 120.

것은 문제가 되지 않으며 당신은 오직 빛 가운데로 걸어가면 됩니다. 그리고 그것이 순간적으로 주어지건 혹은 점차적으로 주어지건 당신은 믿음을 놓치지 마세요."[39]

웨슬리는 수년간의 서신교환의 기간 동안에 구원의 은총은 모든 그리스도인에게 값없는 선물이며, 성령의 내적 확증도 하나님의 자녀 된 모든 이들에게 보편적으로 주어진다는 사실을 그녀에게 주지시켰다. 이 시기에 그녀는 편협한 칼빈주의의 교리로부터 점점 멀어져 갔다. 웨슬리는 맥스웰 부인에게 좀 더 진전된 성화(聖化)의 과정을 추구하라고 종용하는 편지의 내용을 보내기도 하였다. 한편 1770년경 감리교 연회에서 칼빈주의 알미니안주의자들의 예정론과 제한적 속죄론에 대한 논쟁이 극대화되었을 때에 맥스웰 부인은 웨슬리에게 감리교 교리에 관해 변호하는 취지의 글을 부탁하면서 자신의 상황에서, 예컨대 스코틀랜드 장로교회의 이중예정론을 주장하는 그녀의 친구들에게 어떤 견해와 입장을 취해야 할지에 관한 조언을 구하였다.

웨슬리는 1771년 2월 26일 그녀에게 답장하기를, "본인의 생각으로 그 누구이든 간에 그리스도가 모두를 위해 죽지 않았으며, 그리스도가 모든 자들의 죄를 정결케 하시고 또한 성결케 하시고자 하는 능력이 없다고 주장하는 것은 그리 용이한 증명을 필요로 하지 않을 것이라 생각합니다. 만약 주변에서 이러한 진리를 편견과 독단이라고 말하는 사람들이 있다면 부인은 이에 대해 아

39) Earl K. Brown, *op. cit.*, 121.

무런 부끄러움을 느낄 이유가 없습니다."라고 충고하였다.[40] 맥스웰 부인은 감리교의 알미니안주의를 의심 없이 수용하였다. 그녀는 매일 일기를 쓰면서 자신의 부족함과 하나님 존재에 대한 지식과 감사의 고백을 잊지 않았다. "구원하여 주시는 은혜에 대하여 얼마나 찬양을 드려야 할까? 나의 성부 하나님과 성자와의 친밀한 교통은 나에게 말할 수 없는 기쁨과 평안을 가져다준다." 또한 그녀는 교회에서의 섬김과 봉사의 생활에 대해 "이 얼마나 감사한 일인가? 그가 나에게 마르타의 정성스러운 손과 마리아의 사랑스러운 가슴을 주심은……" 동시에 그녀는 웨슬리의 충고에 따라 보다 높은 성화의 단계를 추구하고 있었는데 "나는 매일 성화의 밝은 빛 가운데 길을 순례하고 있다. 비록 도달하고자 하는 높은 수준의 지점에 이르지 못할지라도 그러나 나는 매일 더욱더 진보된 곳을 향하여 나아갈 수 있도록 감미롭게 인도받는다."[41] 맥스웰 부인은 일기를 쓰면서 그녀가 어려운 시기에 하나님께서 순간순간 은혜로써 역사하여 주심을 깨닫고 위로를 받을 수 있었다. 1772년 9월 3일 그녀는 다음과 같은 내용의 일기를 기록하였다.

> "하나님께서 어떻게 나의 길을 울타리로 둘러싸 인도해 주셨는가? 주님은 그의 능력 있는 팔로써 조금씩 나를 파멸(破滅)의 길에서부터 이끌어 내셨다. 그는 나의 마음에 점점 깨달음을 주시고 죄(罪)의 사악함을 알게 하시며 도덕적 올바름을 지향하는 열정을 갖게 하셨다. 하나님께서는 나에게 세상의 부와 명예와 행복의 쾌락을 맛보

40) Earl K. Brown, *op. cit.*, 123－124.

41) Earl K. Brown, *op. cit.*, 124－125.

게 하셨는데 그러나 그는 내가 이것을 감당할 수 없음을 보시고 자비로우나 냉엄한 손으로 나에게서 모든 것을 거두어 가셨다. …… 그리고 나를 거친 황무지에 데리고 가셔서 내게 형용할 수 없는 은혜의 말씀과 소망을 주시고 나를 사랑의 끈으로 부드럽게 당기셨다. 주님은 나에게 종말의 심판을 알게 하셨는데 그보다 먼저 관대한 포용력과 은총의 소낙비로 나의 마음에 역사하시고 내가 멀리 달아나기보다는 그분께 더 가까이 나아갈 수 있도록 부축해 주시며 영혼의 평안을 위하여 필요한 모든 것을 공급받을 수 있도록 나를 종용하시고 격려하셨다."[42]

맥스웰 부인은 오랜 동료였던 엘리자베스 리치 몰티모어(Elizabeth R. Mortimer)에게도 때론 격려의 편지를 보냈다. 그녀는 존 웨슬리가 에든버러를 방문할 때마다 그녀의 집에 머물게 했으며, 가끔 서신교환과 함께 몇 차례 잉글랜드를 방문하면서 그의 탁월한 영적인 상담과 조언을 구했다. 그녀는 일찍 남편을 여의고 망부의 재산을 상속받은 남작부인으로 재혼을 생각해 본 것 같다. 그러나 실제로 청혼을 받았을 때 그녀는 거절하였다. 그녀는 섬세한 성격의 소유자였고 그녀 자신의 일상생활에 있어서 매우 규칙적이었다. 예컨대 그녀의 하루일과는 아침 여섯 시에 가족을 위한 아침기도를 비롯하여 오전에는 집안일과 관련한 대소사를 돌보고 오후에는 개인적 교류와 농장경영 및 외부사업에 관한 일 등에 관심을 쏟으면서 간혹 신학적 저서들을 탐독하는 데 시간을 보내기도 하였다. 그리고 목요일은 평신도와 목회자 부인들로 구성된 신앙모임에서 성경공부를 인도하였고 금요일은 특히 금식과 하나님

42) Earl K. Brown, *op. cit.*, 124－125.

에 대한 봉헌을 다짐하는 날로서 교회에서 저녁 설교예배와 공중기도모임에 참석하기도 했다.

맥스웰 부인은 과부가 되고 난 후 처음엔 스코틀랜드 장로교 목사를 자신의 가정에 머물게 한 적이 있었다. 그 목사의 주요한 임무는 가정예배를 인도하는 것이었는데, 시간이 지나면서 그녀는 점차 가정에서의 일상예배는 자신이 감당할 수 있을 것이라는 확신이 생겼다. 그녀는 아침과 저녁의 가정예배를 위해 가족과 함께 성경본문을 읽고 즉흥기도를 하면서 찬양을 하였다. 그녀는 곧 많은 사람들이 모인 신앙모임이나 집회에서도 공중기도와 연설을 하게 되었는데 그녀는 이것이 자신에게 유익한 경험이 됨을 인정하였다. 그리고 맥스웰 부인은 어린 아동들을 위해 학교를 설립하고 그 자신이 직접 교사로서 가르치고 감독하는 책임을 맡았는데 그녀는 1770년 7월 2일 남자 아동들을 위한 사립학교를 세우고 약 3년 과정의 일반과목과 종교적 훈련을 병행하는 커리큘럼을 실시하였다. 그녀는 두 개의 주일학교도 운영하였는데 그것은 각각 에든버러(Edinburgh)와 서턴 홀(Saughton Hall)에 있는 교육기관으로 그녀 자신의 직접적 지도 아래 수십 년간 운영되었다.[43] 이와 함께 맥스웰 부인은 빈민들과 병자들을 위한 구제활동뿐만 아니라 선교사업을 위한 기부금도 주저하지 않았다. 맥스웰은 탁월한 영적 상담자이기도 했다. 그녀는 많은 감리교 목사들과 스코틀랜드 장로교 성직자들과 친분을 유지하면서 그들과 교류했는데

---

43) Earl K. Brown, *op. cit.*, 129.

1799년 3월, 한 이름을 밝히지 않은 장로교 목사에게 위로와 격려의 편지를 하면서 "일상생활의 절망을 극복할 수 있는 것이 당신의 특권이다. 주님께서는 당신의 힘이고 영광이시다. 그런데 왜 당신의 손은 힘없이 지쳐 떨어뜨리고 있는가? 인간의 역경에 마음을 빼앗기지 말라. 당신이 말하는 유혹과 고난은 당신의 영혼을 연약하게 하는 사탄의 책략이다. 은총이 승리할 때 모든 장애에 대한 우리 영혼의 기쁨은 한층 더할 것이다."[44]라고 말하였다. 1786년에 맥스웰 부인은 자신에게 있어서 가장 가깝고도 절친한 벗을 잃었는데 이 중에 한 명은 스코틀랜드 귀족가문의 딸로 맥스웰 부인의 끊임없는 사랑과 돌봄의 결과로 기독교에 귀의한 헨리에타 호프(Henrietta Hope) 부인이고 또 다른 한 명은 맥스웰 부인처럼 초년의 과부이자 상당한 재력가인 글렌오키(Glenorchy) 부인이다. 그녀는 철저한 칼빈주의자였다. 맥스웰과 글렌오키 부인은 에든버러에 함께 살았으며, 한때 예정론과 구원의 은총에 관한 문제로 대립했던 일도 있었다. 그러나 글렌오키 부인은 자신의 죽음이 임박했을 때에 가장 신뢰할 만한 친구인 맥스웰에게 다음과 같은 글을 썼다. "맥스웰 부인은 내가 어려운 시기에 신실한 동료로서 나의 영혼이 올바른 길을 갈 수 있도록 하나님의 도구가 되어 준 것에 감사드린다."[45] 글렌오키는 에든버러뿐만 아니라 퍼스셔(Perthshire)의 스트라스필렌(Strathfillan), 더비셔(Derbyshire)의 마트록(Matlock)과

44) Earl K. Brown, *op. cit.*, 130.

45) Earl K. Brown, *op. cit.*, 130.

데본셔(Devonshire)의 카슬리(Carlisle)와 워킹턴(Workington) 그리고 뉴턴(Newton)의 벌힐(Burhill) 등지에 자신이 설립한 칼빈주의 교회가 있었다. 그녀는 유산으로 약 3만 파운드의 돈과 광범위한 소유지를 남겼는데 그녀는 이것을 학교를 세우거나 교회를 건축하는 일 또한 S.P.C.K.(Society for the Promotion of Christian Knowledge)를 위한 재정적 후원금과 그 밖의 다른 자선단체에 기부하길 원했다. 맥스웰 부인은 황혼의 삶에 더욱 적극적으로 일을 추진하였다. 학교와 외부의 자선사업과 감리교 신도회에서의 복음사역은 물론 가사와 농장 경영에도 소홀함이 없었다. 그러나 그녀는 이제 구원의 확신과 영혼의 평안을 느끼면서 자신 스스로가 주님의 은혜와 사랑 가운데 만족함을 누린다고 조용히 고백하였다. 맥스웰은 1810년 7월 2일 세상을 떠났는데 그녀를 간호한 미스 네피어(Miss Napier)는 "맥스웰 부인은 영원한 하늘의 소망과 구원의 기쁨에 참여한 진정 축복을 받은 여인이었다."라고 언급하였다.[46)]

46) Earl K. Brown, *op. cit.*, 132.

# 6 파운데리 신도회의 엘리자베스 리치 몰티모어

엘리자베스 리치 몰티모어는 1754년 2월 2일 오트리(Otley)의 요크셔(Yorkshire)에서 해군 군의관 존 리치(Dr. John Ritchie)의 딸로 태어났다. 그녀의 부모는 독실한 감리교도였고 엘리자베스는 그녀의 후견인인 Mrs. H 부인에 의해 교육과 상류계층의 생활양식을 학습할 기회를 제공받았다. 그녀가 16살이 되던 해 우연히 교구목사인 제임스 일링워스(Rev. James Illingworth)의 설교를 듣고 종교적 관심을 갖게 되었는데, 제임스 일링워스는 존 웨슬리와 절친한 동료로서 그의 설교 중심주제는 '칭의'(Justification by faith)와 '신생'(the New birth) 그리고 '인간의 타락'(the Doctrine of depravity)에 관한 복음주의적 내용이 주된 것이었다. 그녀는 점점 인간의 보편적 성향인 죄(罪)의 개념에 대한 이해를 하면서 신자로서 믿음과 구원의 은혜에 대해 갈망하기 시작했다. 이후 그녀는 감리교

집회에 꾸준히 참석하면서 어린 아동들에게 복음을 가르치는 일과 속회에서의 훈련 및 여러 가지 봉사활동을 하였다.

엘리자베스는 1771년 7월 3일부터 그녀 자신의 영적 생활과 일상의 일들을 반성하기 위해서 일기를 쓰기 시작했는데 그녀는 동년 11월에 속회의 지도자로 뽑혔다. 엘리자베스는 자신의 종교적 체험이 회개(悔改)와 매일매일의 영적 투쟁임을 인식했다. 그것은 이전의 세속적 유혹과 허영심과 욕망으로부터 벗어나 현실의 삶 속에서 구원의 기쁨을 만끽하고 매순간 하나님의 돌보심과 인도하심을 감지하는 경험을 의미하였다. 엘리자베스와 웨슬리가 가까워진 계기는 그녀 자신의 개인적 문제에서였는데 1777년 웨슬리는 그녀가 결핵을 앓고 있을 때에 병문안을 하면서 건강과 신앙에 대한 영적인 조언을 아끼지 않았다. 또한 그녀가 건강을 회복하고 난 후에도 진정한 그리스도인으로 성장해 가는 데 필요한 충고와 지도하는 배려를 잊지 않았다. 웨슬리는 엘리자베스에게 자신의 "구약성서주해"(*Notes on the Old Testament*)와 "신약성서해설"(*Exposure to the New Testament*)을 읽기를 권장했고 윌리엄 로우(William Law)의 저서와 드렌티(Derenty)의 전기 및 토마스 월쉬(Thomas Walsh)의 작품을 탐독할 것을 얘기하면서 다만 마담 귀용(Madame Guyon)과 같은 중세 신비주의 신앙에 관련된 저술들은 피하기를 제안했다.[47] 엘리자베스에 대한 웨슬리의 애정은 마치 아버지와 딸의 관계와 유사하였다. 엘리자베스는 웨슬리가 요크셔

47) Earl K. Brown, *op. cit.*, 159-60.

(Yorkshire) 지방에서 순회설교 하는 동안 어느 곳에나 함께 있는 것을 습관으로 삼았고 가끔 웨슬리의 초대로 순회설교자들과 여러 지방을 여행하기도 했다. 그 여행들은 그녀가 감리교운동의 주요한 인물들과 사귀는 계기가 되었다. 특히 영향력 있는 감리교 여성 설교자들인 메리 보산퀫 플레처(Mary B. Fletcher)와 사라 크로스비(Sarah Crosby) 그리고 앤 로우 로저스(Ann Roe Rogers) 부인과 같은 이들을 이 시기에 만났다. 엘리자베스는 매력적인 여성이기도 했다. 그녀는 열여덟 살과 스무 살에 두 번의 결혼 신청을 받았는데 웨슬리는 그녀가 성화와 신앙훈련의 과정 중에 결혼을 하는 것이 적절한 것인지를 잘 생각하고 판단할 것을 충고하였다. 미스 엘리자베스 리치는 1774년 벌스톨(Birstall)에서 웨슬리의 설교를 듣고 회심을 체험했다. 그녀는 곧 속회에서 자신의 신앙경험을 간증했다. 얼마 후 그녀는 자신이 영적 상담자로서의 달란트를 가졌다는 것을 발견하였다. 1780년대까지 그녀의 공적 목회활동은 아버지의 병간호로 인해 오틀리의 요크셔 지방에 제한되었으나 그녀의 속회 지도자와 영적 상담자로서의 활동은 여러 신도회와 신앙모임으로부터 자주 도움을 요청하는 초빙을 받았다.

엘리자베스는 웨슬리와 순회설교여행을 하면서 자신의 은사를 십분 발휘하여 많은 사람들을 예수 그리스도에게로 돌아오게 하였다. 그녀 스스로는 공식적인 설교를 하지 않았지만 순회하는 지역마다 사적인 모임이나 공적인 모임에서 그녀 자신의 특별한 소명의식을 발휘하여 복음전파를 위한 주목할 만한 영향력을 나타내었다. 1786년에 엘리자베스는 더블린(Dublin)에서 감리교인들의 초청으로 약 3개월간 머물렀다. 그녀는 이때 집회를 인도하면서 마음속에 느낀 바를 일기에 기록하였는데, "나는 종종 주님의 내주하심이 내 힘과 방패가 되고 내 영혼의 평안히 거할 수 있는 쉼터가 됨을 깨닫는다."라고 고백하였다.[48] 그녀는 돌아오는 길에 마들리(Madeley) 교구에서 목회활동을 하고 있는 메리 보산켓 플레처 부인을 방문했다. 그 외에도 그녀는 웨슬리의 소개로 레이디 피츠제럴드(Lady Fitzgerald)와 맥스웰(Maxwell) 부인, 사라 웨슬리(Sarah Wesley)와 미세스 포슨(Mrs. Pawson) 등과도 절친한 관계를 유지하였다. 엘리자베스는 1801년에 하비 워크레이터 몰티모어(Mr. Harvey Walklate Mortimer)와 결혼하였다. 이들 두 사람의 결혼은 행복했으며, 그들은 런던에 주거지를 정했다. 그녀는 이전보다 더 가사에 전념해야 했지만 계속해서 런던의 파운데리와 브리스톨의 신도회에서 속회와 조의 리더이자 병든 자와 낙심자를 방문하는 심방자로서의 역할을 잘 감당했다. 또한 엘리자베스는 웨슬리의 말년에 그의 병간호를 하면서 임종의 순간에 함께 있었던 초대 감리교회의 몇 안 되는 동료이기도 했다. 웨슬리는 그녀에게 금도장(gold seal)과 금핀(gold pin)과 은으로 된 과도를 남겨주고 그의 유언대로 자신의 눈을 감겨 주기를 부탁했다. 엘리자베스는 웨슬리의 죽음 이후 요크셔와 마들리를 여행하고 메리 피츠제럴드와 메리 보산켓 플레처의 집도 방문했다. 엘리자베스는 메리 보산켓 플레처 부

48) Earl K. Brown, *op. cit.*, 162－63.

인보다 약 20년을 그리고 존 웨슬리보다 거의 40년을 오래 살았다. 기실 이런 의미에서 그녀의 공적 목회생활은 초기 감리교회의 여성 리더십 형성을 위한 과도기적 시기와 웨슬리 사후 발전하는 감리교회에서 새로운 수구세력이 등장함에 따라 여성 지도력을 억제하려는 연회의 반대 논의가 점점 드세어지는 상황 가운데 힘써 복음사역을 감당한 여성 지도자였다고 말할 수 있다. 엘리자베스 리치 몰티모어는 1835년 그녀의 나이 81세에 평안히 세상을 떠났다.

7

# 감리교의 여성 순회설교자 헤스터의 앤 로우 로저스

헤스터의 앤 로우 로저스는 감리교의 순회설교자인 제임스 로저스(James Rogers)와 함께 공동목회를 한 뛰어난 여성 설교자였다. 앤 로우 로저스는 1756년 1월 31일 체샤이어(Cheshire) 맥클리스필드(Macclesfield)에서 전통적인 영국 국교도의 유복한 가정에서 외동딸로 태어났다. 그녀는 어려서부터 규칙적인 기도시간과 성경묵상 및 교리문답을 암송하도록 교육받았다. 1773년 여름 미스 앤 로우는 애딩턴(Addington)에 있는 그녀의 대모의 집에서 잠시 머물다가 집으로 돌아와 보니 지역교구의 성공회 부목사인 심슨(Mr. Simpson)이 볼일 차 그녀의 부모와 면담을 하기 위해 방문을 하였는데 그는 개인적으로 존 웨슬리와 감리교운동과의 직접적 연관을 맺지 않았지만 열렬한 복음주의자라고 할 수 있었다. 또한 이웃 사람들에 의하면 그는 감리교도라고도 했다. 그녀는 한때 감리교도들에 대해 생각하기를 그들은 경건의 가면을 쓰고 무지몽매(無知蒙昧)한 사람들을 그릇된 길로 인도하는 거짓 선지자들의 무리이며, 자신들의 교리가 일반대중들에게 가장 설득력 있고 호소력 있는 것이라는 주장을 서슴없이 하는 열광주의적 종교단체라고 간주하였다. 그러나 1773년과 1774년 사이 그녀는 심슨의 설교를 계속 들으면서 감리교도에 대한 편견과 오해가 사라지고 자신의 내면에 진정 경건의 훈련과 보다 나은 크리스천으로서의 생활을 추구해야겠다는 결심을 하게 되었다. 그런데 이 시기에 미스 앤 로우는 그녀 자신의 심중을 털어놓고 대화할 상대를 찾지 못했다. 그래서 인근 지역의 감리교를 잘 아는 사람을 통하여 다소 두려운 마음으로 감리교 신도회에 참석하게 되었다. 미스 앤 로우는 이곳에서 이사야(Isaiah) 40장을 본문으로 "내 백성을 위로하라"(Comfort my people)라는 설교를 듣게 되었다. 그녀는 그때의 감흥을 다음과 같이 일기에 표현하였다. "나는 설교하는 모든 말씀이 나에 대해서 이야기하고 있는 것 같았다. 나는 내적인 평안을 얻었으며 오해와 편견이 사라졌음을 깨달았다. 또한 나는 완전하고 확실한 자신감을 얻게 되었다. 그들은 분명 하나님의 사람들이며, 나는 그들로부터 진리 속에서 구원(救援)으로 나아가는 길을 알게 되었다."라고 고백하였다.[49] 그녀는 자신의 회심(悔心)의 날짜를 1774년 11월 11일이라고 기록하였다.

그 후 미스 앤 로우는 존 웨슬리의 기독교인의 완전과 성화

49) Earl K. Brown, *op. cit.*, 204.

에 관한 저서들을 읽기 시작했다. 그녀는 웨슬리가 강조한 그리스도인 개개인이 지향해야 할 '성결'(holiness)에서의 성품에 매력을 느끼고 있었다. 그녀는 심슨의 설교를 계속 들었고 감리교 순회설교자들의 집회에도 가끔 참석하였다. 그러나 그녀는 이 사실에 대해 자신의 어머니에게 비밀로 해 두었는데 그것은 그녀의 어머니가 감리교도를 열광주의(熱狂主義)의 한 분파라고 생각하고 있었기 때문이다. 미스 앤 로우는 점차 믿는 신자들이 경험하는 성령의 내적 증거와 구원의 기쁨에 대해 깨닫고자 하였다. 그녀가 1776년 4월 16일에 쓴 일기를 보면, 하나님이 그녀와 그녀의 주변 상황에 간여하시고 역사하심에 대한 감사와 기쁨의 찬양을 하고 있는데 예컨대 "하나님께 영광을 드린다. 그는 나에게 끊임없이 기도의 제단을 쌓게 하시며 소망과 믿음으로 생활하게 하신다. 나의 모든 염려를 그에게 맡기며 그에게 모든 것을 의탁한다."라고 묘사하고 있다.[50] 그러나 동시에 그녀가 어머니와의 갈등을 애써 회피하려는 노력도 엿볼 수 있다. 미스 앤 로우는 1776년 6월에 칼빈주의자인 헨쇼(Mrs. Henshaw) 부인과 대화를 나누었는데 그러한 대화의 내용을 부분적으로 인용하는 바는 우선 그것이 당시의 미스 앤 로우의 신앙상태를 보여 주고 있으며 또한 초기 감리교도들이 확신하는 하나님의 은혜와 회심의 체험을 잘 드러내주고 있기 때문이다.

---

50) Earl K. Brown, *op. cit.*, 206.

"'당신은 항상 행복한가?' 나는 대답하기를 나는 늘 평안을 누리고 있으며 어느 정도의 사랑과 기쁨도 가진다고 하였다. 그러나 그러한 기쁨의 정도가 항상 일정한 것이 아니라고 했다. 그녀는 말하기를 '당신은 가끔 의심과 두려움은 없는가?'라고 물었다. 나는 대답하기를 '나의 마음에 평화를 빼앗아 가는 고통과 괴로움은 없다. 악마는 나의 마음에 때론 유혹의 화살을 쏘지만 나의 마음에 그것을 위해 마련된 자리는 없다.'라고 답변했다. 그녀는 계속 말하기를 '그렇지만 당신은 인간의 원죄(原罪)와 타락한 본성으로부터 괴롭힘을 당하지 않는가?'라고 물었다. 나는 대답했다. '그렇지 않다.' 그녀는 그러한 상태가 언제부터인가 물었다. 나는 그녀에게 약 8개월 전부터라고 말했다."51)

미스 앤 로우는 그녀의 나이 20세 때에 73세인 존 웨슬리를 만났다. 웨슬리는 그녀가 심리적으로 불안한 시기에 용기와 격려를 아끼지 않았고 그의 절친한 동료인 미스 엘리자베스 리치 몰티모어 양을 사귀도록 권유하였다. 그녀의 일기 중에는 웨슬리가 처음 맥클리스필드(Macclesfield)를 방문했을 때에 그와 면담을 하고 사적인 대화의 시간을 가졌던 것과 또한 특별히 신앙에의 인도와 지도가 필요한 사람들과 갖는 집회의 분위기 및 웨슬리가 순회설교를 하면서 겪는 어려운 점과 기타 필요한 사항들에 대해 주의 깊게 메모한 기록들을 발견할 수 있다. 그녀는 자신이 인도하는 집회의 상황에 대해서도 보고서의 형식으로 내용을 기록하였는데 실례로 미스 A. 우드(Wood)라는 여성은 "그녀가 집회에 나왔을 때에 매우 침울한 모습이었고 마치 마음의 그늘이 깊게 드리워져 있

51) Earl k. Brown, op. cit., 206.

는 것 같았다."라고 적고 있다. 미스 앤 로우는 곧 그녀를 면담하고 하나님의 역사하심을 간절히 바라는 중보의 기도를 올렸다. 그리고 그들이 서로 헤어질 때에는 그날 서로가 만나서 하나님께 감사의 찬송을 하면서 마음의 위로와 평안을 얻게 된 사실에 대해 기쁨의 눈물을 흘리게 되었다.[52] 또 한번은 앤 바이런(Ann Byron)이 속회에 출석하지 않자 그녀는 즉시 앤 바이런을 방문하여 상담을 하면서 그녀가 영적 절망 속에 빠져 있는 이유를 스스로 발견하게 하였다. 그리고 속회의 다른 구성원들과의 교제와 대화의 방법을 통해 가까스로 모임의 멤버로서 참여할 수 있게 하였다. 미스 앤 로우가 자신의 사명으로 생각했던 또 다른 역할은 병자와 낙심자들을 방문하는 일이었는데 대부분의 환자들은 그들 자신이 구원에 대해 알기를 원하거나 또는 구원받을 필요성에 관해 인식을 하지 못하는 경우가 대부분이었다. 그녀는 이러한 때에 그들 개인의 종교적 경험을 일깨우고 회심의 은총을 전파하면서 그들의 영혼이 영생(永生)을 얻도록 최선의 노력을 기울였다. 1780년 11월 7일 미스 앤 로우는 그녀의 일기에서 네 명의 병자들을 직접 방문한 사례를 기록하고 있는데 대개 이러한 방문의 순수한 동기는 전도였다. 그러나 그녀는 병으로 고통당하는 이들 가운데 가끔 굳건한 신앙심을 가지고 있는 사람들과 얘기를 나누면서 그녀 자신이 오히려 용기와 격려를 받는 사실을 발견하였다. 동시에 병자의 가족들도 그녀와 대화를 하고 기도를 하면서 감화를 받고 또 도움을

52) Earl K. Brown, *op. cit.*, 208 - 209.

요청하기도 하였다.

"주님은 특별히 당신의 연약한 사람들에게 은혜를 베푸십니다. 그리고 그들을 위한 나의 보잘것없는 수고를 기억하십니다. …… 나는 병자들을 방문하면서 주님께서 그 생명을 바치신 영혼들을 더욱 사랑하시는 것을 깨달을 수 있었습니다. —또 어떤 곳에서는 병자의 가족들과 이웃들이 들렀는데— 그들에게도 주님의 권능의 손은 역사하셨으며 그들 가운데 어떤 이들은 이전에는 죄 가운데 잠들어 있었으나 이젠 구원의 은혜를 얻기 위하여 무엇을 해야 하느냐고 울부짖는 사람들도 있었습니다. 그리고 (그곳의) 많은 사람들이 나의 방문을 요청했으며, 그러한 청을 수락하기엔 나의 건강으로 힘들 것 같습니다. 그러나 주님께서 허락하신다면 나에게 힘을 주실 것입니다."[53]

미스 앤 로우는 1781년 3월 27일, 그녀의 사촌의 소개로 제임스 로저스(James Rogers)를 처음 만났다. 웨슬리는 1782년에 맥클리스필드(Macclesfield)를 위한 지역 순회설교자로서 로저스를 임명했는데 그때 그는 마르타 로저스(Martha Rogers)라는 여성과 결혼을 하고 몇 명의 자녀를 둔 유망한 목회자였다. 이들은 맥클리스필드로 이사 오기 4년 전에 결혼을 했으며, 마르타 로저스 역시 신앙심이 돈독한 여성이었다. 미스 앤 로우는 곧 이들 부부의 가장 가까운 친구 중의 한 사람이 되었다. 또한 그녀는 제임스 로저스의 설교가 매우 호소력 있고 감동적이라는 사실을 알고 그녀의 동료

53) Earl K. Brown, *op. cit.*, 209-210.

들과 함께 그의 집회에 여러 번 참석하였다. 그런데 그의 아내 마르타는 폐질환으로 병약한 몸이었다. 그녀는 1783년부터 점점 병세가 악화되기 시작했는데 미스 앤 로우는 그녀를 친누이처럼 생각하고 규칙적으로 마르타를 찾아가 보살피며 정성어린 간호를 하였다. 두 사람은 이내 절친한 사이가 되어 서로의 마음을 이해하는 동료가 되었는데 그해 겨울, 마르타는 미스 앤 로우에게 "자신이 죽으면 당신이 아이들과 남편을 돌보아 달라."는 요청을 하였다. 그녀는 놀라고 당황했으나 마르타는 오히려 이것도 아마 하나님의 뜻이며, 이 문제에 대해 함께 기도하기를 원했다. 한편 웨슬리는 미스 앤 로우의 결혼에 대해 적극적으로 찬성의 견해를 표했으며, 그는 로저스가 맥클리스필드에서 사역이 끝나는 대로 더블린으로 가서 플레처의 선교활동을 도와주기를 기대했다. 마침내 그들은 1784년 8월 19일에 결혼했으며 이 일자는 마르타 로저스가 사망한 지 만 6개월이 지난 때였다. 이 시기에 더블린에서는 존 플레처 목사의 지도 아래 부흥운동이 일어났는데 이때 로저스는 플레처의 동역자로서 탁월한 역량을 발휘하였다. 동시에 미세스 앤 로우 로저스도 그 지역의 감리교 신도회와 속회에서 권면과 연설자로서의 역할을 요청받았다. 예컨대 그녀가 그녀의 친구인 살몬(Mrs. Salmon)에게 보낸 편지에 의하면, "우리는 매일 속회와 조 모임에서 성서를 묵상하며 찬양을 하면서 성도들과 기쁜 교제를 나눈다. 여기서 공중기도는 그들의 신앙고백(信仰告白)과 간증의 일부분이다. 우리는 항상 주님의 권능의 손을 느낀다."라고

셨다.[54] 제임스 로저스는 그녀를 자신의 아낌없는 후원자이며 훌륭한 동역자라고 표현하면서 그녀의 조언과 충고를 잘 수용하였다. 로저스 부부는 1784년 9월에 아일랜드(Ireland)로 이주했으며 그곳에서 1790년대까지 복음사역을 감당하였다. 그들은 아일랜드에서 활동하는 동안 더블린(Dublin)과 코크(Cork) 등에서 함께 순회설교여행을 하였다.

54) Earl K. Brown, *op. cit.*, 78-79.

# 8 공식적인 여성 설교자 사라 말렛

감리교 역사상 처음으로 맨체스터(Manchester)연회에서 공식적인 여성 설교자로서 승인을 받은 여성은 사라 말렛이다. 당시에 많은 여성 지도자들은 감리교 부흥운동의 주역으로서 다양한 은사와 주목할 만한 활동을 통해 두드러진 성공과 결실의 열매를 거두었지만 교파의 보수적 지도자들은 그들의 사역을 편견과 비난의 대상으로 간주하였다. 예컨대 윌리엄 보우만(William Bowman)은 "여성은 교회 안에서 잠잠하라. 여성들은 공중 앞에서 말하도록 허락되지 않는다."(Corinthians 14:34~35)라는 규범에 의해 감리교 내에 성장하는 여성 지도력과 그것의 활발한 활동에 우려를 나타내었고 또한 엑시터(Exeter)의 감독 조지 리빙턴(George Lavington)은 1749년 3월 "감리교 열광주의와 교황주의자들"(*The Enthusiam of Methodists and Papist Compar'd*)이란 팸플릿에서 여성과 어린 아동들은 실제로 목회의 대상이라는 점을 밝혔다.[55] 동시에 교회에서 여성들의 공적 가르침은 필연적으로 남성권위의 침해를 뜻하는 것이며 그러한 여성들의 목회자로서의 특수소명과 사회선교의 복음전파자로서의 활동을 비난했는데, 이는 당시 영국 국교회의 법이 평신도 설교자들의 참여를 배제하는 감독 중심의 고(高)교회주의를 고수하였기 때문이다. 이러한 정황에서 사라 말렛의 공식적인 여성 설교자로서의 탁월한 목회사역은 초기 감리교 여성 설교자들에게 있어서 실로 충격적인 사건이었다. 사라 말렛은 롱스트래튼(Long Stratton)의 삼촌 집에서 여성 순회설교자 메리 스웰(Mary Sewell)의 설교를 듣고 은혜를 체험했다. 1781년 17세 된 사라는 기도하는 중에 갑자기 입신 상태에 들어가게 되었는데 사라는 그 상태에서 천국과 지옥을 경험하였다. 그리고 1785년 다시 하나님의 말씀이 그녀에게 들리기를 '훈계하라(Reprove), 꾸짖어라(Rebuke), 권면하라(Exhort)'는 음성이 그녀의 마음을 사로잡았다.[56] 사라는 동년 12월 15일 신비한 종교적 황홀경에 빠졌는데 윌리엄 말렛은 이때에 감리교 목사인 바이런(Byron)을 집으로 초청해 사라의 개인적인 소명 체험을 경청케 했으며 그해 성탄절에는 그녀가 바이런 목사와 수십 명의 신도들 앞에서 요한계시록(3:20)과 요한복음(7:37)을 설교하게 되었다. 사라의 설교는 영감(靈感)과 권능 있는 말씀이었고 그녀의 설교에 감명을 받은 바이런 목사는 더 많은 감리교

55) Paul W. Chilcote, *op. cit.*, 57－58.

56) Paul W. Chilcote, *op. cit.*, 193－94.

신도들을 초청하여 그녀의 설교를 듣도록 하였다. 그 후 사라는 종교적 무아경 속에 일어난 모든 일들을 상기하면서 그러한 상황 가운데 하나님께서 그녀 자신에게 무엇을 하기를 원하시는지 또한 그러한 소명의 구체적 의미를 깨닫고자 하였다. 사라는 1785년 3월 자신이 경험한 소명체험에 대해 다음과 같이 설명하였다. "훈계하라, 꾸짖어라, 권면하라는 말들이 계속적으로 내게 들렸다. 나의 생각은 이것에 의해 움직여졌다. 하지만 나는 확신할 수가 없었다. 그때에는 여성 설교자를 지지하는 동료들이 없었기 때문이다. 망설이는 중에 내 영혼은 어둠의 권세에 사로잡혔다."[57] 그러나 사라 말렛은 롱스트래튼의 삼촌 집에 머무르는 동안 '설교하라'는 소명에 대한 확신이 점점 증가했으며 조용한 묵상 가운데 성령의 인도를 간구하였다. 마침내 1786년 웨슬리가 사라와 면담하면서 그도 그녀의 소명(召命)이 하나님으로부터 온 것임을 확증하게 되었다. 사라는 그녀의 삼촌 집에서 격주에 한 번씩 정기적으로 설교하기 시작했는데 한때 무려 200여 명의 신도들이 몰려들어 그녀의 설교를 듣기도 하였다. 사라는 가끔 약 6마일 떨어진 곳에서 설교하도록 초청받기도 하고 또한 가까운 인근의 감리교 신도회를 순회여행 하면서 복음의 말씀을 증거하였다. 존 웨슬리는 1787년 10월 감리교 연회에 사라 말렛의 설교를 지지하는 개인적 편지와 함께 감리교 내에서 공식적인 여성설교자로서 활동할 수 있는 승인(承認)을 요청하는 견해를 표명하였다. 그리고 그것은

57) Paul W. Chilcote, *op. cit.*, 193-94.

맨체스터 연회에서 다음과 같은 내용으로 수용되었다. “우리는 사라 말렛을 동역자로서 받아들입니다. 그녀가 감리교 교리를 설교하고 우리 교단에 참석하는 한 그녀가 감리교의 설교자가 되는 것을 우리는 반대하지 않습니다.”[58] 웨슬리는 1789년 2월 사라의 공식적인 설교사역을 축복하면서 설교방식에 대한 개인적인 조언을 한 편지를 보냈다.

> “우리의 설교자들이 겸손한 태도로 일하며, 사회적 편견에 얽매이지 않는다는 사실이 기쁩니다. 사람들의 요구에 매번 참석하지 마십시오. 예배는 영적제사입니다. 찬양과 기도 및 설교를 포함해서 1시간 이상 예배하지 마십시오. 당신 자신의 감정으로 일을 생각하지 말고 하나님의 말씀으로 지혜롭게 판단하십시오. 푯대를 향하여 하나님이 위에서 부르신 부름의 상을 위하여 최선을 다하십시오.”[59]

감리교 연회의 공식적인 여성 설교자의 인정과 더불어 엘레 그레톤(Ellen Gretton)과 앤 톰슨(Ann Thompson), 메리 길버트(Mary Gilbert)와 앨리스 케임브리지(Alice Cambridge) 그리고 감리교 목회자의 부인으로서 아일랜드(Ireland)와 더블린(Dublin)에서 공동목회를 한 헤스터(Hester)의 앤 로우 로저스(Ann Roe Rogers)와 도로시 맥스웰(Darcy Maxwell) 부인 등이 그들 여성 설교자들 상호간에 우애와

---

58) Paul W. Chilcote, *op. cit.*, 195. 웨슬리도 초기에는 여성들이 교회에서 회중들에게 설교하는 것은 잘못된 것이라는 견해를 가지고 반대했지만 감리교운동이 확산됨에 따라 그것의 독특한 조직과 평신도 설교자들의 소명(Calling) 및 은사(Gifts or Grace) 그리고 사역의 열매(a Fruit) 등으로 말미암아 그의 교회와 성직에 대한 관점이 보다 실용주의적인 방향으로 수정되어 갔다고 할 수 있다.

59) Paul W. Chilcote, *op. cit.*, 197－98.

협력을 위한 '여성형제단'(the Female Brethren)에서 두드러진 활약을 하였다. 사라 말렛은 평신도 설교자인 보이스(Boyce)와 결혼했다. 그들은 함께 순회설교도 하고 노포크(Norfolk)와 서포크(Suffolk) 등에서 감리교 선교활동에 적극적으로 참여하였다.

# 9 메리 테프트와 여성 설교자 임명에 관한 감리교연회의 반대

1802년 7월 아일랜드(Ireland) 감리교의 더블린(Dublin) 연회에서는 여성의 설교와 공적인 집회에서의 권면(勸勉)에 대한 문제로 심각한 논쟁(論爭)이 벌어졌는데 그해 여름 조셉 엔트위슬(Joseph Entwistle) 목사는 동역자인 조나단 에드먼슨(Jonathan Edmondson) 목사에게 그의 순회 지역 상황을 보고하면서 여성 설교자의 비판과 함께 교회 내의 여성들의 공적인 활동과 권면은 성서의 가르침과 대조되는 것임을 지적하는, 가부장적(家父長的) 사고를 그대로 표출하는 내용의 편지를 보냈다.[60] 또한 이 시기에 조셉 벤슨(Joseph Benson)은 북아일랜드의 감리교 부흥운동에서 많은 회중들에게 감화력 있는 설교와 간증으로 주목할 만한 성공을 거둔 앨리스 케임브리지(Alice Cambridge)와 앤 브라운(Ann Brown)을 비판하면서 당시 메

---

60) Paul W. Chilcote, *op. cit.*, 232-33.

리의 남편인 스가랴 테프트(Zechariah Taft) 목사에게 신랄한 편지를 써서 "그 자신의 목회 활동에 그를 지원하도록 여성을 기용한 것"을 연회는 알지 못한다고 언급하면서 "당신은 공적 모임에서 연회의 금지(여성의 공적설교에 대한 제한) 규정을 받아들여야 함을 상기해야 한다."고 주장하였다.[61] 그러나 반면에 조지 스키(George Sykes) 감리사는 조셉 벤슨에게 반격하는 편지를 쓰면서 메리 바릿은 곧 남성들의 편견(偏見)을 넘어 역사하시는 하나님의 영(靈)의 승리라고 간주하였고 존 포슨(John Pawson) 역시 여성 설교자 메리 바릿에 대해 "하나님께서 테프트 부인의 노고(勞苦)를 축복하사 그녀의 설교를 통하여 수많은 영혼들이 회심을 체험하게 하셨다."라고 격려(激勵)하였다.[62]

메리 바릿은 1772년 8월 랭카셔(Lancashire) 콜린(Colne) 지방의 헤이(Hay)에서 출생하였다. 그녀는 콜린에 있는 페리시(Parish) 교회에서 세례를 받고 사무엘 바실리(Samuel Bardsley)의 설교에 감명을 받아 감리교회에 꾸준히 출석하였다. 그녀는 신도회에 가입하여 공중기도를 시작하면서 애찬회에서 간증과 권면을 할 것을 요구받았다. 메리는 1792년 애크링턴(Ackrington) 부흥운동에서 감리교 여성 설교자인 앤 커틀러(Ann Cutler)를 지원하면서 월튼(Rev. Walton)의 후원과 그녀의 오빠 존 바릿(John Barritt)의 허락으로 헥스햄(Hexham)에서 그해 크리스마스 날에 처음으로 연설을 하였다. 그

61) Paul W. Chilcote, *op. cit.*, 233－34.

62) Paul W. Chilcote, *op. cit.*, 235－36.

후 그녀는 복음주의 부흥설교자들과 친분을 유지하면서 본격적인 순회설교여행을 시작했는데 예컨대 존 포슨(John Pawson)과 알렉산더 마더(Alexander Mather), 토마스 버시(Thomas Vasey)와 사무엘 브레드번(Samuel Bradburn) 그리고 윌리엄 브람웰(William Bramwell)과 토마스 쇼우(Thomas Shaw) 등과 같은 이들이 그녀를 부흥강사로 초빙하여 여러 지역에서 설교하도록 추천하였다. 그녀는 그림스비(Grimsby)와 파틸리 브리지(Pateley Bridge), 노팅햄(Nottingham) 등에서 복음을 전파할 때에 그 지역 신도회에 대규모의 회원들을 추가하기도 하였다. 메리 바릿은 1798년 봄에 리즈(Leeds)의 계간모임에서 여성의 설교를 반대하는 알렉산더 슈터(Alexander Suter)의 입장을 방어하였고 동시에 그녀의 목회사역을 변호(辯護)하는 스터튼 그렌지(Sturton Grange)의 에드워드 웨이드(Edward Wade)는 그녀가 이 지역에서 활동하는 것을 지지하면서 "메리의 탁월한 선교사역은 당시의 유명한 부흥설교자인 토마스 잭슨(Thomas Jackson)과 조셉 테일러(Joseph Taylor) 등과 비교해도 부족함 없는 자질을 증명하고 있다." 라고 변론하였다.[63] 메리는 토드모던(Todmorden)에서 사역을 감당할 때에 노팅햄의 지역설교자인 토마스 스미스(Thomas Smith)로부터 격려와 위로의 편지를 받았는데 내용인즉, "우리는 당신의 복음사역의 활동을 인정하며 또한 그러한 역할을 잘 감당하기를 기대합니다. 왜냐하면 하나님께서 당신의 노고를 통해 역사하시며 곳곳에서 풍성한 열매들을 거두시는 것을 목격하기 때문입니

63) Paul W. Chilcote, *op. cit.*, 229－230.

다. 당신은 하나님으로부터 특별히 말씀을 증거하도록 소명을 받았습니다. 두려워하지 마십시오. 당신의 목소리를 마치 트럼펫과도 같이 울려 퍼지게 하십시오. 그래서 사람들의 불신앙을 꾸짖고 권면하십시오. 오직 당신의 몸과 마음을 성령의 도구로서 그분의 영광을 위해 사용하십시오."[64]라고 언급하였다.

메리 바릿은 1802년 8월 17일 감리교 순회설교자인 스가랴 테프트 목사와 결혼을 하고 함께 켄트(Kent)로 거주지를 옮겼다. 그녀는 동년 9월과 10월 도버(Dover)와 캔터베리(Canterbury)에 있는 감리교 예배당에서 설교하도록 초청을 받았는데 켄티시 헤럴드(Kentish Herald)는 그때의 메리 테프트 부인의 주목할 만한 성공을 다음과 같이 기록하였다. "월요일 저녁, 킹 스트리트(King Street) 예배당에서 여성 설교자 메리 테프트 부인의 설교가 행해졌다. 여성 설교자의 신기함은 대단한 호기심을 자극했는데, 수백 명의 사람들이 집회에 참석하였다. 그녀는 요한일서(St. John) 1장 9절을 본문으로 취했다. '만일 우리가 우리의 죄를 고백하면 그는 신실함과 의로우심으로 우리의 죄를 용서하시며 모든 불의로부터 우리를 깨끗케 하실 것입니다.' 그녀의 뛰어난 설교와 분별력 있는 소견은 회중들로 하여금 깊은 인상과 감명을 주기에 충분하였다."[65] 메리 바릿이 활동한 시기는 감리교연회에서 여성 설교자를 반대하는 논의가 심각하게 제기되었지만 스가랴 테프트 목사는

64) Paul W. Chilcote, *op. cit.*, 230-232.

65) Paul W. Chilcote, *op. cit.*, 233-234.

항상 그 자신의 사랑하는 아내이자 동역자인 메리와 함께 설교할 수 있도록 스케줄을 조정하였다. 그리고 그러한 여성 리더십은 보수적 교회 지도자들에 의한 편견과 이를 억제하려는 시도 속에 흔들림 없이 특수한 사역을 감당케하였는데 예컨대 부부가 함께 순회설교를 하면서 공동목회사역을 성공적으로 수행한 이들은 메리 바릿 이외 메리 골든(Mary Golden)과 메리 윌트쇼(Mary Wiltshaw), 한나 파커(Hannah Parker)와 사라 콕스(Sarah Cox) 및 조이스 트리프리(Joyce Treffry) 등이라 할 수 있었다.

# 10 페베 팔머와 성결주의 운동

페베 팔머를 중심으로 한 성결주의 운동은 미국에서 약 1830년대 중반에 시작되었다. 당시에 미국 감리교도인 사라 랑포드(Sarah Lankford)는 이미 칭의와 성화의 체험을 확신하고 이후 페베 팔머와 함께 '성결을 지향하기 위한 화요모임'(the Tuesday Meeting for the Promotion of Holiness)을 마련했는데 이들은 처음엔 존 웨슬리의 "기독교인의 완전에 대한 평이한 해설"(*Plain Account of Christian Perfection*)을 읽고 공부를 하였다. 이들은 존 웨슬리의 성화론에서 개인의 회심과 그것의 궁극적 목표인 구원(救援)의 은총에 대해 초점을 맞추고 견해를 나누었는데 이때에 팔머는 '제2의 축복'(the Second Blessing)이라고 할 수 있는 성령의 세례에 의한 거룩한 성화에의 부단한 노력을 통해서 기독교인은 자신의 삶을 보다 성결하고 완전하게 성취해 나갈 수 있다고 주장하였다.

페베 워럴(Phoebe Worrall)은 1807년 12월 18일 뉴욕(New York)에서 출생하였다. 그녀의 아버지 헨리 워럴(Henry Worrall)은 유망한 건축설계사로서 경건한 감리교도였다. 그녀는 어릴 적부터 성경을 읽으면서 종교적 감수성이 풍부한 성향을 가지게 되었다. 그녀는 성장하면서 존 웨슬리의 전기(傳記)와 감리교 부흥운동의 유명한 여성 설교자들의 삶에 대해, 특히 수잔나 웨슬리(Susanna Wesley)와 메리 보산퀫 플레처(Mary Bosanquet Fletcher) 또는 맥스웰(Maxwell) 부인의 사역과 헤스터의 앤 로우 로저스(Ann Roe Rogers of Hester) 등의 일대기를 읽게 되었다. 페베 워럴은 1827년 9월 28일 뉴욕의 외과의였던 월터 클락 팔머(Walter C. Palmer)와 결혼하였다. 그녀의 첫 번째 결혼기념일에 장남인 알렉산더(Alexander)가 태어났지만 그는 단지 11개월을 살았다. 페베 팔머는 1837년 7월 26일 알렌(the Allen)가의 성서 묵상모임에서 회심을 체험하게 되는데 이때에 그녀는 마음속에 진정한 평화와 기쁨을 표현하면서 "내 영혼이 고요하고 엄숙한 가운데 성령의 부드러운 음성을 들었는데 마치 그는 나에게 변함없는 사랑과 긍휼함으로 '너는 내 것이라' 하면서 위로(慰勞)하시는 것 같았다."라고 고백하였다.[66] 페베 팔머는 웨슬리의 성화의 교리를 성결주의 부흥운동의 새로운 모토로 제시하였다. 팔머는 전적인 성화(Entire sanctification)는 성령의 즉각적인 세례에 의한 거듭남의 체험이라고 확신하였다. 그녀는 마음의 정결(淨潔)이 회개(悔改)의 관문이며, 이것이 성별된 크리스천의 삶의 출

66) Charles E. White, *The Beauty of Holiness: Phoebe Palmer As Theologian, Revivalist, Feminist, and Humanitarian*(Francis Asbury Press, 1986), 16.

발점이라고 생각하였다. 또한 그녀는 성결이 곧 능력이며, 그것이 구원을 얻은 성도에게 분별 있게 받아들여질 때에 성령의 거룩한 성취에의 역사를 기대할 수 있다고 언급하였다.67) 그리고 팔머는 자신의 제단신학(Altar Theology)을 통해 성결에의 길을 소개하는데 그것은 성경의 가르침대로 대제사장이신 예수 그리스도께서 제단에 친히 임재(臨齋)하여 성막(교회)에서 살아 있는 희생 제물로 헌신(獻身)하는 성도의 몸과 마음을 깨끗하고 성결케 하신다는 의미를 가지고 있다. 동시에 팔머는 전적인 헌신(Entire consecration)은 전적인 성화(Entire sanctification)를 보증(保證)한다고 간주하였다.

페베 팔머는 주저(主著) 『하나님의 약속』(*Promise of the Father*, 1859)에서 감리교 부흥운동의 탁월한 여성 설교자들을 상기(想起)시키는데 특히 사라 말렛의 회심의 체험과 그녀가 감리교의 공식적 여성 설교자로서의 인정을 받은 사실은 팔머가 여성의 공공목회를 지지하는 강력한 전거(典據)가 되었다고 할 수 있다. 팔머는 소명을 받은 한 여성이 회중 앞에서 간증(干證)을 해야 함에도 불구하고 교회의 장로들에 의해 비난과 질책을 받고는 그것을 공개적으로 시인할 수 없었던 일화를 소개하면서 그녀의 저서인 『하나님의 약속』을 저술하게 되었다고 밝혔다.68) 팔머의 『하나님의 약속』의 서문(序文)에는 노바 스코티아(Nova Scotia)의 장로교 목사인 알렉산더 맥아더(Alexander McArthur)의 지지의 편지와 메인(Maine)의 포

---

67) Nancy A. Hardesty, "The wesleyan Movement and Women's Liberation", 171.

68) Charles E. White, *op. cit.*, 189 – 190.

틀랜드(Portland) 감리교 목사인 윌리엄 맥도날드(William Mcdonald) 및 브룩클린(Brooklyn)의 회중주의자 헨리 벨덴(Henry Belden)의 격려의 서한이 첨부되어져 있다.

요컨대 이 책의 요지는 여성 목회의 정당성을 지적하면서 오순절 성령의 강림과 함께 새로운 시대가 시작되었고 이때에 모든 사람은 진리의 영(靈) 안에서 하나님의 말씀을 전파하는 예언자(豫言者)로서의 사역을 감당해야 한다고 주장하였다. 팔머는 또한 성서에서 여성 사역을 반대하는 구절이라고 생각되는 부분을 언급하는데 예컨대 고린도전서(Corinthians) 14장 34절의 "여자는 교회에서 잠잠하라"(Let your women keep silence in the churches)는 바울의 편지에서 이것은 당시 고린도 교회에서 종교적 교의에 대한 논쟁(論爭)이 흔히 있었을 것이며, 아마도 여성들이 그 문제에 관여하였을 것이라는 점이다. 그렇지 않다면 그녀는 여성들이 교회에서 찬송과 권면 및 공중 기도를 해서는 안 된다고 가리킨다. 그리고 디모데전서(Timothy) 2장 12절의 "여자의 가르치는 것과 남자를 주관하는 것을 허락지 아니하노니"(I suffer not a woman to teach, nor usurp authority over the man)라는 구절이다. 팔머에 의하면 그것은 여성이 가르치는 것을 저지하는 것이 아니라 바울이 금지한 것은 남자의 권위를 무시하는 것과 교회 질서를 거스르는 행위를 지적한 것이며, 여성이 공중에게 가르치는 것 자체를 반대한 것은 아니라는 사실이다. 그러나 만일 바울이 여성의 가르침을 전적으로 금했다면 사도행전(Acts) 18장 26절과 27절에 등장하는 아볼로(Apollos)에게 예수의 복음을 가르친 브리스길라(Priscilla)의 경우는 어떻게 설명할 것인가라고 질문하였다.[69] 그 외에 팔머는 성서의 여성 선지자들 가운데 이스라엘 사사 시대의 드보라(Deborah)와 아론의 누이 미리암(Miriam)과 예언자 훌다(Huldah) 및 초대교회의 신실한 동역자인 유오디아(Euodias)와 신디케(Syntyche) 등의 주목할 만한 여성 지도자들의 실례(實例)를 들면서 여성 사역에 대한 적극적 지지와 후원을 호소하였다.

페베 팔머는 성서적 근거에서 '설교'(Preach)와 '예언'(Prophesy)은 분리할 수 없는 복음사역이며 그러한 단서는 오순절 사건의 성령 강림의 역사에 있다고 강조하였다. 그녀는 『하나님의 약속』에서 언급하기를 "오순절에 성령의 은사와 권능(權能)이 무시될 수 있는 기사(奇事)입니까? 마가의 다락방에서 여자들과 예수의 모친 마리아와 그의 제자들이 마음을 같이하여 기도에 힘쓸 때에 예수의 부활(復活)하심을 맨 먼저 증거한 여자 증인들도 그들과 함께 회개(悔改)하며 탄원(歎願)의 기도를 하지 않았습니까?" 그녀는 계속해서 말하기를 "그들은 예수의 죽음과 부활의 사건에 이르기까지 천사의 입술로부터 그러한 계시(啓示)를 들었고 교회의 머리 되신 그리스도로부터 직접 세상의 만인에게 복음을 전파하도록 권한을 위임받은 여자 사도들이 아닙니까?"라고 반문하였다.[70] 팔머의 여성 목회의 정당성을 뒷받침하는 핵심 성구는 바로 사도행전(Acts) 2장

69) Charles E. White, *op. cit.*, 191 – 193.

70) Nancy A. Hardesty, "Minister as Prophet? or as Mother?" *Women In New Worlds*, 94 – 95.

3절과 4절인데, 즉 "그때에 홀연히 하늘로부터 급하고 강한 바람 같은 소리가 있어 저희 앉은 온 집에 가득하며 불의 혀(the Tongue of fire)같이 갈라지는 것이 저희에게 보이더니, 그것이 각 사람에게 임하여 그들이 모두 성령 충만함을 받고 또한 성령의 말하게 하심을 따라 각각 다른 방언으로 말하기를 시작하니라"는 말씀에 근거하고 있다. 그녀는 이른바 여성의 목회사역에 대해 "불의 혀와 같은 성령의 세례가 그들 모두에게 임할 때에 선지자 요엘(Joel)로 말씀하신 바, '말세에 내가 내 영(靈)으로 모든 육체에게 부어 주리니 너희의 자녀들은 예언(豫言)할 것이요, 나아가 만인에게 성령의 은사를 부어 주리니 그들이 구원(救援)의 진리를 증거할 것이다.'라는 말씀에 응하게 하려 함이 아니고 무엇을 의미하는가?"라고 언급하였다.[71)]

그 밖의 팔머의 인도주의적 자선사업은 뉴욕 빈민가의 어린 아동들을 위한 '선데이 스쿨'(Sunday school)과 슬럼 지역의 가난한 이웃을 위한 선교센터를 건립하여 그들에게 필요한 영적, 물질적 지원을 아끼지 않았다. 그녀는 모든 사람이 하나님의 형상(the image of God)을 가지고 있으며, 인간의 궁극적 삶을 결정하는 영혼은 육체 속에 존재(存在)하므로 '내적인 사람'(inner person)과 '외적인 사람'(outer person)의 강건함이 무엇보다 중요하다고 생각하였다. 그리고 그녀는 개인의 성실하고 정직한 성품이 그들 영혼의 구원을 얻는 데 최상의 길이라고 간주하였다. 팔머는 미국에서 제2차 대

---

71) Nancy A. Hardesty, "Minister as Prophet? or as Mother?" *Women In New Worlds*, 95-96.

각성운동(the Second Great Awakening)이 전개되는 시기에 여성의 참정권(參政權)과 금주(禁酒)에 대해 캠페인을 벌였던 동역자 프랜시스 윌라드(Frances Willard)와 함께 노예 해방운동에도 적극 참여하면서 복음이 전파되는 곳에는 생명력 있는 성령의 역사가 일어난다는 사실을 굳게 확신하였다.

# 나가는 말

칠코트(Paul W. Chilcote)는 논문 "존 웨슬리와 초기 감리교의 여성 설교자들"( *John Wesley and the Women Preachers of Early Methodism*)에서 18세기 감리교운동을 부흥시키는 데 여성의 역할이 큰 영향력을 끼쳤음을 언급하고 로널드 녹스(Ronard A. Knox)의 "성령의 운동을 강조하는 역사는 여성해방의 역사이다. 웨슬리는 여성해방의 아버지이다."라고 인용하면서 웨슬리가 여성 해방운동의 기수가 되었음을 주장하였다.[72] 사실 감리교운동을 통하여 여성들은 기존 가부장적 문화(家父長的 文化)의 구습(舊習)과 편견(偏見)으로부터 벗어나 유래 없이 공동체의 지도자로서 사회에 참여하여 고아원과 학교 설립 또는 자선사업과 여러 사회봉사활동을 전개하였다.

칠코트는 감리교 부흥운동에서 여성 지도자들의 활동이 활발했던 이유를 다음과 같이 들고 있다. 첫째, 웨슬리의 목표는 개

---

72) Paul W. Chilcote, *op. cit.*, 3－4.

인적 종교체험과 그 능력을 통해 개인과 사회가 변화되는 것이었으며, 당시 교회와 사회를 개혁해야 할 절박한 상황이 여성들로 하여금 특별한 소명과 은사를 요구하게 하였다. 또한 웨슬리의 실용주의적이고 은사 중심적인 교회관은 감리교 내에 공식적인 여성 설교자의 출현을 적극적으로 지지(支持)하였다. 둘째, 감리교 신도회는 목회를 하도록 소명을 받은 여성들에게 그들이 적극적으로 일을 할 수 있는 독특한 환경을 제공하였다. 웨슬리는 여성들도 교회 안에서 남성과 마찬가지로 은총(恩寵)의 수단을 자유롭게 취할 수 있다고 간주하였고 여성들의 소명 체험과 성령의 은사들을 긍정적으로 평가하였다. 그래서 이들이 신도회를 개척하고 조와 속회의 리더로서 혹은 낙심자와 재소자들을 방문하는 심방자로서 나아가 학교 지도자와 감리교 순회설교자로서 주목할 만한 영향력을 발휘했는데 이들의 사역을 통해서 수많은 회심자들을 얻는 구원의 역사가 일어나기 시작했다.

즉 감리교운동의 여성 지도자들은 내면의 성령 충만으로 경건(敬虔)하였을 뿐만 아니라 이웃에 대한 사랑의 수고로 일생을 헌신했던 '그리스도인의 완전의 모델'이라고 할 수 있다. 동시에 초기 감리교운동의 여성들은 감리교운동을 복음적 부흥운동으로 확산시킨 공헌자(貢獻者)들이며, 그들의 능동적인 헌신과 성공에 힘입어 감리교 부흥운동은 영국 교회와 사회의 저변에서부터 성화(聖化)의 불길을 세차게 일으킬 수 있었다. 그리고 초기 감리교운동의 탁월한 업적을 세운 여성들의 활동은 북미 감리교 여성들에게 큰 영향력을 끼쳤고 특히 19세기 중반의 성결주의 운동(the Holiness Movement)과 구세군 교회(Salvation Army) 및 나사렛 교회(Church of the Nazarene)와 성령강림 오순절 교파 등이 여성 목회를 지지하는 법률을 제정하는 데에 일조를 담당하였다.

메리 테프트(Mary Taft) 부인

잉글랜드에서의 여성설교자들의 분포지역

# 참고문헌

Hardesty Nancy. "The Wesleyan Movement and Women's Liberation", Theodore Runyon, ed., *Sanctification & Liberation: Liberation Theologies in Light of the Wesleyan Tradition*. Nashville: Abingdon Press, 1981.

Browne Alice. *The Eighteenth-Century Feminist Mind*. Wayne State University Press, Detroit, 1987.

Wollstonecraft Mary. *A Vindication of the Rights of Woman*. Norton Critical Edition, 1988.

Harmon Rebecca. Susanna: *Mother of the Wesleys*. Nashville: Abingdon Press, 1968.

Brown Earl Kent. *Women of Mr. Wesley's Methodism*. The Edwin Mellen Press, 1983.

Chilcote P. Wesley. *John Wesley and the Women Preachers of Early Methodism*. The American Theological Library Association and The Scarecrow Press, Inc. Mutuchen, N.J. & London, 1991.

Brown Earl Kent. "Women of the Word", Hilah F. Thomas and Rosemary S. Keller, eds., *Women In New Worlds: Historical Perspectives on the Wesleyan Tradition*. Nashville: Abingdon Press, 1981.

White Charles E. *The Beauty of Holiness: Phoebe Palmer As Theologian, Revivalist, Feminist, and Humanitarian*. Francis Asbury Press, 1986.

Hardesty Nancy. "Minister as Prophet? or as Mother?" Hilah F. Thomas and Rosemary S. Keller, eds., *Women In New Worlds: Historical Perspectives on the Wesleyan Tradition*. Nashville: Abingdon Press, 1981.

Baker Frank. "Susanna Wesley", Louise L. Queen, ed., *Women In New Worlds: Historical Perspectives on the Wesleyan Tradition*. Nashville: Abingdon Press, 1982.

Snyder Howard A. *The Radical Wesley: Patterns for Church Renewal*. Downers Grove IL: Inter-Varsity Press, 1980.

김종식. "칸트 철학에 있어서 자유개념에 관한 논의의 정합성", 부산대학교대학원 철학과 박사학위논문, 1999.

김신아. "웨슬리 감리교운동의 여성설교가들에 관한 연구", 서울: 감리교신학대학교 신학대학원 석사학위논문, 1992.

이정미

현) 목원대학교 출강
경남발전연구소 위촉연구원

대구 가톨릭대학교 인문대학 철학과 및 사학과에서 역사철학을 전공하였고, 숙명여자대학교 대학원에서 서양근세사상사를 공부하였으며 「초기 감리교운동에서의 여성 지도자들의 활동과 지위에 관한 고찰」로 박사학위를 받았다.

논문으로 「칸트의 진보사관」과 「존 웨슬리의 감리교운동과 페미니즘」이 있다.

존 웨슬리와
감리교 전통의 여성들

초판인쇄 | 2010년 4월 20일
초판발행 | 2010년 4월 20일

지은이 | 이정미
펴낸이 | 채종준
펴낸곳 | 한국학술정보㈜
주 소 | 경기도 파주시 교하읍 문발리 파주출판문화정보산업단지 513-5
전 화 | 031) 908-3181(대표)
팩 스 | 031) 908-3189
홈페이지 | http://www.kstudy.com
E-mail | 출판사업부 publish@kstudy.com
등 록 | 제일산-115호(2000. 6. 19)

ISBN 978-89-268-0970-9 93230 (Paper Book)
978-89-268-0971-6 98230 (e-Book)

내일을여는지식 은 시대와 시대의 지식을 이어 갑니다.